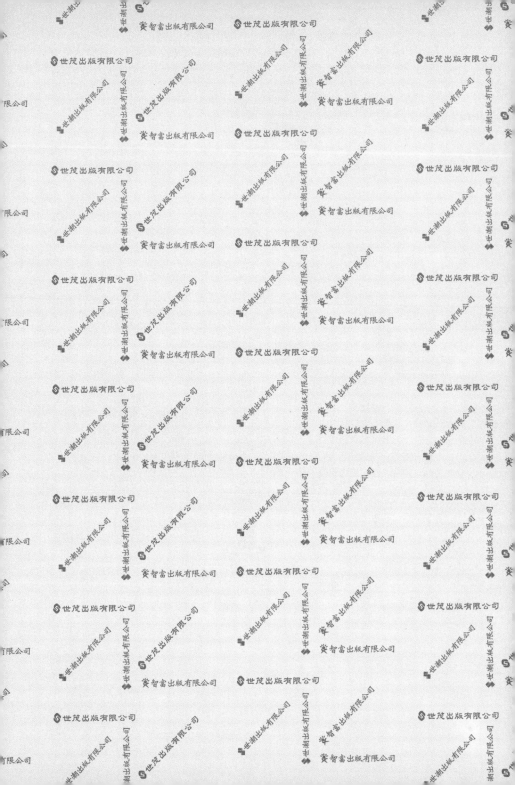

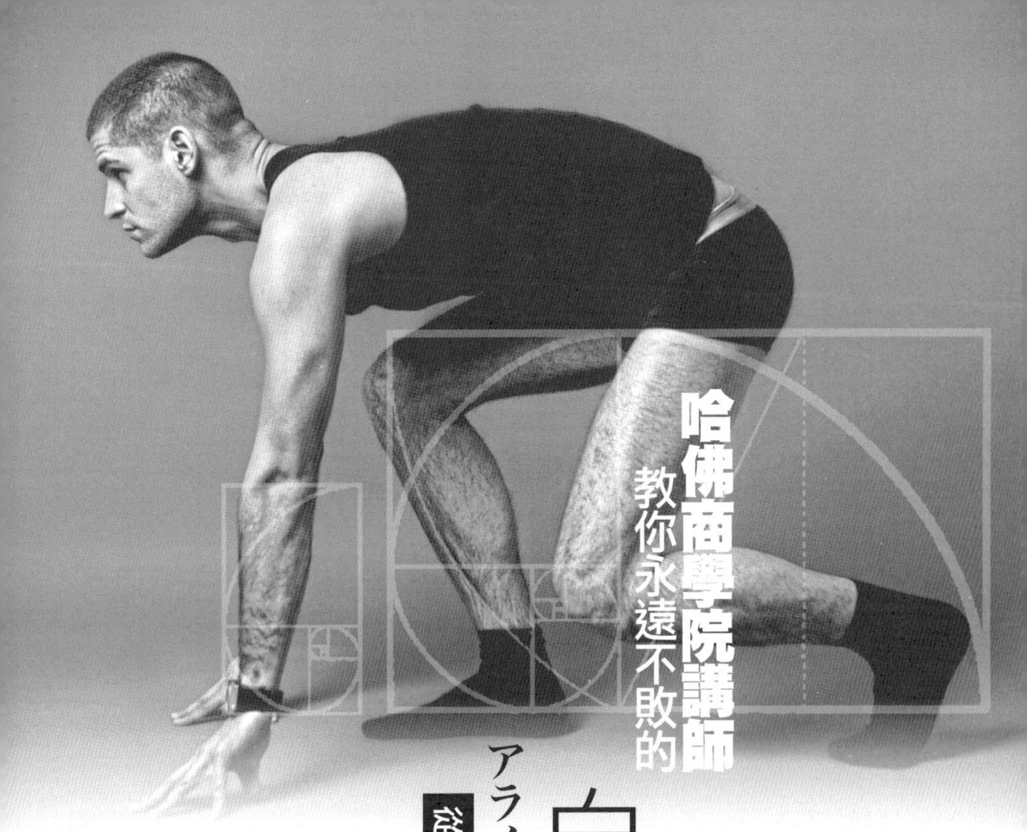

哈佛商學院講師
教你永遠不敗的

自我經營術

アライアンス自分成長戰略

從半徑3公尺開始將資源轉為機會

哈佛商學院副教授&手機電子錢包先生
平野敦士卡爾／著

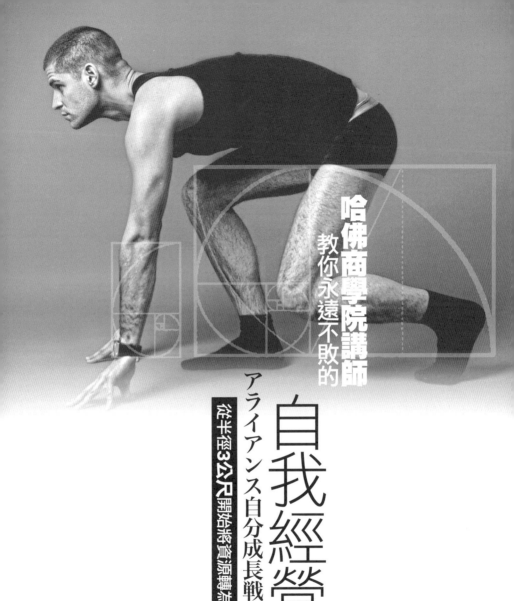

成為億萬富翁後，
不需努力工作也能不愁吃穿，
即使如此，
還是想要每天工作八小時以上的工作是什麼？

假設你被醫師宣告只剩下十年壽命，
即使如此，
你每天依然想要從事的工作是什麼？

第4章　培養掌握事物本質的「鑑別力」

第5章　從半徑3m內開始的自我行動

前言

◆公司的常理是社會的非常理

「這是本公司自創業以來，首度出現的營業赤字。我們預定在日本國內裁掉數千名員工。」

「這是十四年來首見的合併營業赤字，預計全世界將裁減超過一萬六千名人員。」

「因為收益減少，我們將解僱一千一百名非正職員工。」

這是各大媒體連日來所報導的「大企業經營不善」的新聞。

我想只要一提到前陣子雷曼兄弟以及美國國際集團ＡＩＧ等全球性金融企業的沒落，相信有不少人都會感到相當地震驚與驚嘆：「沒想到連那麼大型的企業也都破產了……」

然而，你是否也認為，「大型企業的急速沒落，所造成世界性的不景氣，只不過是短期的狀況。何況大家都說一百年才會發生那麼一次，這種事情應該極少發生吧？」

由於全球化以及資訊化的發展，使得全世界一體化的現在，世界性的變化也變得愈來愈激烈了。

在這樣的影響之下，企業的起落與興衰也變得更為激烈。

曾有句話說「一家公司的壽命有三十年」，但很顯然地現在公司的壽命遠遠低於三十年。

世界上沒有絕對不會倒的公司。話雖如此，只要在大企業工作，很容易就會受到「就算出現赤字，公司還是會想盡辦法維持下去」、「公司不可能被擊垮，政府應該會提出因應措施」這種公司內部氛圍所影響。

以前我曾在日本興業銀行（現改名為「瑞穗實業銀行」，以下簡稱「興銀」）工作，經常聽到這類的談話，那時的我自己也曾這麼以為。

然而，「公司的常理是社會的非常理」，今後我們必須要認知到「不管是在什麼公司工作，公司絕對不可能不會倒閉」。

◆沒有了公司名片，你還能吃得開嗎？

一旦考慮到這種狀況，你就會瞭解到，要想「一輩子待在同一家公司工作」並不是件容易的事。就算你對現在的公司毫無不滿，但說不定在哪一天你還是有可能面臨被迫轉調到其他單位、轉職、甚至自行創業。

但是，當公司垮掉時，你能夠立刻找到下一個工作嗎？如果你要自己創業，是否能夠在商場上生存呢？一旦自己創業，你就等同是卸下前公司的招牌，必須靠自己的實力一決勝負。

在這個時候，如果你只剩下僅能在前公司用得上的技能，那麼你將會體驗到現實的殘酷。

別說是要進入一家能從事自己喜歡工作的公司工作了，就算是一家與理想背道而馳的公司願意收留你，你就算賺到了。如果很幸運地薪水還能夠維持現狀，那真該謝天謝地。不過，最慘的情況是，你不僅找不到工作，甚至還可能會流落街頭。

◆真的只要考取證照就萬無一失嗎!?

為了不讓自己遭遇到上述窘境，最重要的就是從現在起開始提高「個人品牌力」。

所謂個人品牌力，也就是指「有別於他人的優勢」。

「〇〇方面的事，去問△△先生準沒錯。」

「這件工作只能交給◇◇先生了。」

如果你在別人心中的評價是這樣，那可真是超完美。即使不幸地現在的公司倒了，也一定會有其他家公司願意延攬你。就算你不願意替別人賣命，你也有足夠的能力自行創業。

本書將針對打造個人品牌力的方法，提出有理論根據的詳細解說。一旦用錯方法就無法提昇自己的品牌力。

最常見的案例就是「想要輕鬆地取得證照」這件事。

有不少人以為，「若想提升競爭力，讓自己到處都吃得開，就一定要考取證照」。

「只要取得證照，那麼即便身處在嚴苛的時代，也一定能夠生存下來。」

我必須聲明，考取證照絕對不是件壞事。而且在考取證照的過程中將能學到難能可貴的經驗。

但是光是考取證照，並不能夠提昇自己的品牌力。這一點請務必牢記在心。

原因在於，大多數的情況下，**擁有相同證照的人非常之多**，因此如果你不**具備與眾不同的特質的話，就不可能被注意到**。

比方說，經常往來於各大企業人事部的人，如果能取得社會保險勞務士（相當於保險經紀人之專業顧問）的證照，就可以提昇競爭力。證照資格不僅對目前的工作有幫助，即便將來創業，光是「不但能運用多家企業的人事經驗，也能擔任顧問」這項特長，更可以提高個人價值。

不過，如果是從事與社會保險勞務士完全無關工作的人，即便考取社會保險勞務士證照，也可能會被認定為「缺乏實務經驗」而很難受到肯定。

據說近來，有些人即使考取了像律師這類門檻極高的證照，仍然找不到工作。那些「寄居」在法律事務所屋簷下的律師，被揶揄為「寄居律師」。但是聽說有越來越多律師不但無法在法律事務所任職、就連「寄居律師」也當不成。不僅如此，現在甚至還出現不支薪，只借用事務所門前空地營業的「簷下律師」。

此外，雖然擁有理工博士學位，卻無固定職業的「博士後研究員」也有增多的趨勢。我想今後那些名校畢業、擁有MBA學位的名校菁英份子，卻找不到工作的案例將會逐漸增加。現在，我就經常聽到有關「名校菁英」失業的話題。

連擁有超難考證照的人情況都這麼糟了，更別說那些只持有容易考取證照的人了。儘管再怎麼努力考取了證照，如果無法付諸實用也就毫無意義。

值得一提的是，據說最近有不少人拚命地準備證照考試，對目前的工作卻相當隨便。我甚至還聽過：「我還得準備公認會計士的考試，沒辦法加班」這種理由。

然而，這種作法只會讓你在公司內部樹敵。況且倘若考不過證照考試，就會失去在公司的立足之地；而即使順利考取證照，也會在各方面留下遺憾。

比方說，不論是哪一個業界，都喜歡能根據實務經驗提出建議的專業人才。倘若你在實際工作上表現隨便的話，即使擁有工作資歷，卻無法發揮這項優勢；而且當有朝一日需要動用到人脈資源時，你才會猛然驚覺到自己身邊的可用資源竟然這麼少。

在過去的人生經驗當中我深刻地體會到「只顧自己就好」的人生態度，並不會為人生增色。

◆招喚機會的「結盟版『自我成長』戰略」

既然如此，究竟該如何提高自己的品牌力呢？

我推薦的方法是，**確實地擬定「生涯戰略」**。

這並不是什麼艱澀難懂的戰略理論，應該**是任何人都能夠做得到事情**。

只簡單說著要「擬定戰略」，大多數人都不知道該從何著手。本書的目的正是要將擬定戰略的方法毫不保留地傳授給各位。

相信已經有不少人都提過生涯戰略的重要性了，但我對於既有的生涯戰略仍抱持著疑問。簡單來說，就是方法有些麻煩又過於死板，那樣做反倒讓人生變得一點都不快樂。

因此，請容我在此提出一種新的生涯戰略，它既能夠提高收入，又能夠創造一個不會太死板且快樂的人生。我將它命名為「結盟版『自我成長』戰略」。

「這個方法真的萬無一失嗎？」或許各位會有這樣的疑慮，事實上，我就是靠這樣的方式成為現在的我。現在在我身邊有許多既快樂又充滿朝氣的朋友，他們也親身實踐了接下來我所要介紹的這種方法。

舉例來說，我自己成功地實現了下列的職涯規劃——從興銀跳槽到NTT DOCOMO公司（日本第一大電信公司，以下簡稱DOCOMO），提出「手機電子錢包」企劃案，歷經四年的艱苦奮鬥終於成功地推廣到市場上。

此外，我還企劃風險投資案，並花了一年的時間說服社長正式設立。然後在四年內，成功地獲得一百億日圓的收益。不僅如此，我還加入了資訊科技創投企業的經營陣容；現在更進一步地當上哈佛商學院的講師，同時經營了一家顧問公司，並在哈佛以及沖繩大學大學院擔任教職。

現在，我的人生發展已經大到超乎自我所能想像的，而且我每天都享受工作。這樣的人生並不如我原來所規劃的，也正因如此，我才會覺得「人生很有趣」。

人的生命有限！我認為在有限的生命中，**能夠實現自己真正想過的人生的人，要比任何人都要來得幸福，同時也意味著是真正的成功。**

儘管現在擁有一百億日圓，到頭來還是會有人淪落到破產的地步。金錢固然重要，但為了快樂生活，我們必須要找出「對自己而言最重要的事」以及「自己真正想做的事」。

那麼，為了找到答案所必需的「結盟版『自我成長』戰略」，究竟是什麼樣的戰略呢？接下來就讓我們來認識這項戰略。

我認為在景氣持續低迷的狀況下，現在正是停下腳步規劃「自我成長」戰略的**絕佳時機**。

即使是對於「進入公司這十年，一轉眼就過去了……」有所感慨的人，也十分適合使用「結盟版『自我成長』戰略」。

因為我自己，就是虛度大好光陰的最佳實例。

只要永不放棄，機會必定會降臨在你身上！為了讓機會來臨時不要讓它溜走，只要趁現在做好萬全的準備，你也可以充分擁有快樂人生！

本書導覽

第1章：掌握「結盟版『自我成長』戰略」的概略

↓

第2章：從企業戰略學習可應用在個人的戰略

↓

第3章：充分運用擅長領域增強「自我能力」

↓

第4章：培養看透事物本質的「鑑別力」

↓

第5章：實踐從半徑3m開始的自我行動

第1章

不受景氣影響拓展個人生涯的「自我成長」戰略

拓展可能性、絕不錯失良機的最完美生涯戰略是什麼？

一提到生涯戰略，各位讀者的腦中會浮現什麼樣的內容呢？

「不浪費時間、能在最短距離達成目標。」

「決定具體的人生目標，盡可能數值化。」

「從人生的目標開始往回推算，設定以一年或一個月為單位的中期目標以及以一週或一天為單位的短期目標。」

「每一天都確實地達成。」

相信在大部分人的腦中，都會浮現如上述的生涯戰略。

這類提倡「最短距離」型的生涯戰略書籍在坊間相當常見，就連給大學生閱讀的就業相關書籍，也推薦讀書用這種方式來擬定生涯戰略。

這的確也是一種擬定生涯戰略的一個方法。

不過，我卻對這種生涯戰略感到懷疑。

最主要的原因，就在於**「最短距離」型的生涯戰略，可能會窄化了自己的可能性**。

在這裡，我們先假設人生是以「成為在世界上最有錢的企業家、變成億萬富翁」為目標。

以「最短距離」型的生涯戰略而言，其中期目標與短期目標可能是從「三十歲前在外資企業工作」、「二十八歲前取得美國商學院的ＭＢＡ學位」、「二十五歲時多益（TOEIC）®達到九百分」等開始往回推算。

我並不是否定這樣決定目標、朝著目標勇往直前的方式。不過，我認為最大的問題點，就在於為了堅守該目標，反而**喪失了彈性的態度，如此一來很容易割捨掉其他的東西**。或是在途中遭遇挫折之際，可能變得不知變通，而無法做彈性的修正。

舉例來說，當你為了考上商學院努力用功時，現在任職的公司問你「現在有一個全新領域的專案拓展計畫，你願不願意挑戰看看？」你因而接受了這項

在具有彈性、長期性的視野下抓住機會

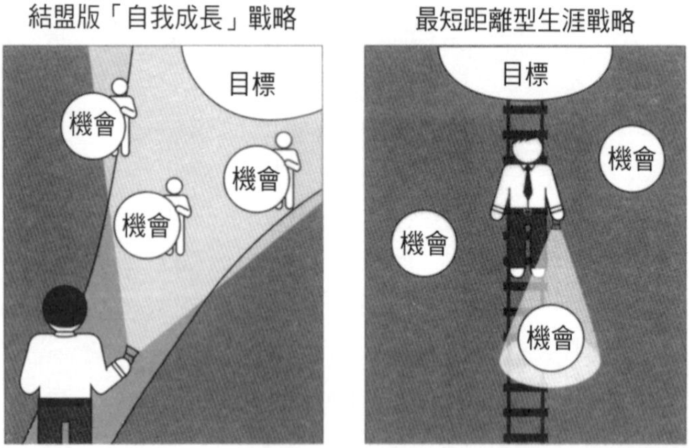

挑戰。為了達成「成為世界上最有錢的企業家」這一個長期目標，嘗試挑戰這項工作一定能成為你人生的一大財產。

說不定，這項挑戰值得你將就讀商學院的計畫延遲一年。可是，正在實踐「最短距離」型生涯戰略的人大多會馬上以「接下這種工作沒什麼好處，我只想趕快考上商學院」的理由跟公司劃清界線，未經深思熟慮就拒絕……。

「當時雖然覺得『沒什麼幫助』、『很煩』的事，現在回想起來卻覺得獲益良多。」

有不少人正是透過經歷各種經驗，拓展了自我的視野，才體會這些經驗多麼有用。相信各位讀者也有一、兩個諸如「如果小時候我能學會游泳就好了」的經驗。

當然，當我們朝著目標勇往直前時，說不定很難考慮得如此周詳。最重要的是，盡量提醒自己要能「有不喪失彈性的態度，凡事以看得長遠的眼光來看待」。

而且要知道，個人的想法，多半是根據目前在人生當中的所習得的、相當有限的資訊所做出的歸納。

如果是這樣的話，那麼我們很有可能未曾察覺到真正適合自己的天職。因此最短距離型的生涯戰略，可能會將這種彈性的態度給剝奪掉。

「人生不可能事事如意」所以才有趣

我之所以會對「最短距離」型的生涯戰略抱持疑問，是由於我自己並沒有採行類似的生涯規劃，卻達成了夢想。應該說，**正因為我的人生一直在繞遠路，所以我才能夠步上自己料想不到且刺激的人生。**

一直以來，我所設定的人生目標之一，就是「有一天我要幫助年輕人，並教導他們」。這或許是受到擔任大學教授的父親與在大學教書的姊姊影響才訂立的。而這個目標，在我四十歲過後終於獲得實現。

現在，我以研究所以及諸多企業講習會講師的身分，對年輕人講授我自己的經驗。

此外，我也成為哈佛商學院的副教授，並經營一家顧問公司，協助各種創投企業（Venture Capital）。也因此，我很榮幸有機會出版前著《1の力を10倍にする アライアンス仕事術》與本書這種能幫助上班族的相關書籍。

我之所以能夠實現這一切，真多虧了我任職於DOCOMO時所提出並成功推廣的企劃案——「手機電子錢包」。

我常在想，倘若我一畢業就進入NTT工作的話，現在恐怕就無法實現此一世界首創、融合手機與信用卡功能的事業吧。

這樣的經歷不光使我個人經歷增加，就連我的收入也比菜鳥時代增加了十倍以上；不僅如此，很多超出我所能想像的事情也接二連三地發生，每天都是充滿驚奇的一天。

其中最令人出乎預料的事情之一，就是在我的著作出版之後，有一天以「槓桿學習系列」聞名、旅居夏威夷的作家本田直之先生突然邀請我參加「作者協會」。

在那裡不僅能與諸多暢銷作家見面，甚至還與任職於NTT DOCOMO時代即熟識、現為知名暢銷作家的勝間和代小姐，以及以前曾一同擔任與談人、著有《叫賣竹竿的小販為什麼不會倒？》的百萬暢銷作家山田真哉先生睽違多年的重逢等，發生了許多令人意想不到的事。

此外，我甚至還意外收到已故藝人飯島愛小姐在讀完我的著作後，寄給我的感謝郵件。

如果你問我，是不是因為「想過這樣的人生」，所以擬定縝密的計畫？我的回答是「ＮＯ」。說起來，我在大學畢業後之所以會進入興銀，是因為大學時代我所參加的金融研究小組的成員們，均以進入銀行工作為目標，因而受到很大的影響。

其實，我在進入銀行工作以前，並不瞭解銀行實際上的工作內容。即便在進入銀行以後，我仍然不知道什麼是「自己真正想做的事」。因為每天光是處理眼前的工作，就足以讓人精疲力竭了。

在我跳槽到DOCOMO之前的十三年間，我所負責的工作是「投資銀行業務」，每天要處理海外大規模的專案融資。簡單來說，這項工作的內容即是專為印尼的發電廠、哥倫比亞的輸油管、卡達的ＬＮＧ工廠等這類耗費二千～三千億日圓的專案，從世界上的各家銀行募集資金，並試圖從該專案所創造的收益來返還融資的工作。這項工作又稱為「財務顧問」（Financial Advisory）或「聯合貸款主辦人」（Financial Advisory）。在那段期間，我非常專注地投入在自己的工作上。

我開始思考「這份工作是我真正想做的事嗎？」這個問題，是在進入銀行十年後，當時我大約三十歲出頭。隨著工作的內容日漸有趣，我也開始興起「不只是這樣」的念頭，對於自己真正想做的事也愈來愈清楚。而我也瞭解到，如果自己一時想不清，那麼可以向外發送訊息，如此一來就能越來越清楚。

然而因為工作的關係，我見識過形形色色的業界，無形當中也激發起我「除了金融業界之外，我還想成為另一個領域的專家，還想從事日常生活中常見工作」的衝動，因此，我重新思考「自己真正想做的事」。雖然時機有點遲，我開始興起「想教導年輕人」的念頭。

「戰略性．繞遠路生涯規劃」能招喚超乎想像的機會

在我察覺到自己真正的想法後，我將「教導年輕人」設定為進行中的目標；如果能朝著這個目標勇往直前，感覺雖然還蠻不錯的，然而實際上並非如此。

這是因為當時的我尚未具備能夠教導年輕人的資格，充其量只不過是抱著虛無的夢想。當時我只能茫然地抱持著「要是哪一天能夠教導年輕人就好了」的夢想。

在懷抱著這種夢想下，當我三十五歲時，我選擇DOCOMO作為我轉職的目標。

「我想擁有金融專業以外的擅長領域」、「我想從事的不是金融業，而是更貼近生活中的工作」，正當我在尋找能符合我所希望的工作時，有個朋友告訴我：「DOCOMO現在正在招募專案融資人才。」

回頭想想，那一次真可說是命中注定的邂逅。

在我母親被醫師宣告只剩下三個月壽命並住院之際，我第一次租借的就是NTT的手機。當時，癌細胞已經轉移到腦部的母親，只能躺在病榻上動彈不得。而將臥病在床的母親與忙於工作的家人連繫在一起的，就是手機。

正是這樣悲傷的經驗，使我對手機充滿著感激之情，因此也深信「雖然現在手機尚未普遍，總有一天手機一定會非常普及。今後將是資訊科技的時代」。

就這樣，我參加了DOCOMO的公開招募考試，結果很幸運地錄取了。當然，在這個時候，我的腦海中還沒有出現「手機電子錢包」的點子。

非但如此，我甚至連想都沒有想過日後會成為與自己關係密切的i-mode的一員。原本我最想進入的部門，是負責海外投資事業的國際商業部。因為這項工作不僅能夠運用我任職於興銀時的經驗，之前該公司招募人才的也是國際商業部門。

然而事與願違，我被分配到相關企業部這一部門。這個部門剛從經營企劃部劃分出來，專門負責處理國內出資企業的管理與投資。不僅周遭的朋友異口同聲地問我：「為什麼不是分配到國際商業部呢？」連我自己也感到相當驚訝。

不過，投資也算是我擅長的金融工作，當時所抱持的心情是：「算了，這也是無可奈何的事。」

不僅如此，我人一到公司報到後，就接到部長通知說：「目前還沒有既定的工作，我暫且先派一個人給你。你就好好想想，去做些自己喜歡的事。」

老實說，當時我的感想是：「真失望。令人大受打擊！就連年收入也少了三百萬日圓，我這次轉行是不是錯誤的選擇？」

我在興銀上班的時候，加班到深夜是家常便飯，而現在我的生活，突然轉變為每天晚上六點準時下班的生活。總之，每天都相當清閒，為了獲得上司的認同，一面努力工作，一面開始思考各種新點子，並將自己的想法昭告周遭的人。就這樣，我遇見了當時成立不過三個月的i-mode部門的成員。

就在我向眾人自我介紹：「我原本是興銀的行員，現在是個閒人。」數個月之後，這個部門改名為「i-mode成長戰略企劃」。我們當時還不清楚，這個部門能為世界做出什麼樣的貢獻。

在i-mode成長戰略企劃案中，我們開始陸續展開新的企劃案，例如，要在i-mode的使用者達一百萬人時進行手機廣告；為強化與創投企業在技術層面的關係，要進行風險投資等等。

之後，沒多久i-mode部門進行人事異動，我成為結盟專任部長，「手機電子錢包」在提案後，約過了四年之後才獲得實現。

關於當時的種種我在前作中已做過詳細介紹。一開始當然不可能一帆風順，每天過著在公司內部不斷討論、不斷地要與信用卡公司及終端零售店等進行各方面調整的苦戰日子。不過，最後真的多虧周遭許多人的幫忙，這個企劃案才能得以實現。

就這樣，融合通訊與信用卡功能的「手機電子錢包」終於誕生，國外媒體也給我取了「手機電子錢包先生」的稱號，因此也接獲不少國際會議的演講邀請。

雖然我一直在繞遠路，卻在不知不覺當中達成自己所描繪的夢想，因此我將這種須經時間培養的戰略，命名為「戰略性‧繞遠路生涯規劃」。

當時，雖然「總覺得」自己像是走一步算一步，然而現在回想起來，我覺得在我的心中確實有某種**明確的判斷基準存在著**。

透過「結盟版『自我成長』戰略」擴大自己的可能性！

「就算不需擬定『最短距離』型生涯戰略，也能夠實現自己想做的事」、「或許不用擬定戰略反而進行得更順利」我開始這麼深深地覺得。

這是因為，隨著企業本身正在進行的跨業種大變革的過程之中，我們所處的社會已經進入**需要具備各種價值觀與知識，且靈活度高的人才的時代**。

雖說即使是「繞遠路生涯規劃」，倘若沒有付出正確的努力，那麼還是無法達成目標。如果不先提高自己的能力，那麼即使機會好不容易突然出現，仍然無法好好把握。

甚至就算你有能力又悶著頭努力，只要沒有擬定戰略，就會迷失前進的方向。若不先提昇「這個人的長才是這個！」的個人品牌力，即便運氣再好，也可能還是得不到周遭人的賞識。

整合上述幾點，**既可決定努力的方向，且能提高自身能力，並向周遭的人**

結盟版「自我成長」戰略與最短距離型戰略

	結盟版「自我成長」戰略	最短距離型戰略
期間	長期性	短期性
做法	運用周遭人脈，成為自己的助力	獨自一人集中奮鬥
對於目標	充滿彈性，卻是在繞遠路的過程中走一步算一步 可延伸個人的可能性	從目標開始倒數，擬定不浪費時間且明確的計畫 會縮小個人的可能性
規劃	繞遠路生涯規劃	直線型生涯規劃

展現，讓時勢助自己一臂之力的戰略，就是「結盟版『自我成長』戰略」。

「結盟」（Alliance）一詞的意思，就是指「同盟」、「聯盟」；在商場上，經常使用在「企業之間的合作與M&A」的闡述上。

那麼，將結盟應用在個人生涯戰略上又代表著什麼意思呢？我將結盟一詞定義如下：

「獲得周遭人長期的信賴，藉由這些人的力量使自己不斷成長」。簡單來說，就是成為「能讓周遭人助自己一臂之力的人才」。不過為了「讓他人助自己一臂之力」，首先必須

「成為幫助周遭人的人」。具體而言，在設定自己的最終目標，也要開始尋求自己周遭半徑3m之內人們的肯定。

接下來，你要仔細地做好眼前瑣碎的小小工作，藉此獲得機會，一點一滴地累積實績。大好機會絕不放過，即使必須冒險也要面對挑戰。

隨著經驗的累積，與形形色色的人結識，就能夠累積更大的實績。**最終，你將能實現自己的夢想，並驚覺到收入也成長了好幾倍。**回頭想想達成夢想的過程後，我認為，「想要爬上山頂，絕不只有一條路線」。

「只要爬到第六合目（合目是日本傳統計算山高度的單位，從山腳到山頂分為十合），就能夠發現地圖上所沒有標示的捷徑」、「到了第七合目就會發現直昇機停機坪，然後一口氣便能登上山頂」。人生或是工作就像這樣，你在中途可能就會找到新方法。

更清楚地說，「假若在登山之前，先在海邊遊玩，說不定就會變成對搭船到鄰島產生興趣」、「倘若為了登山想買一本導覽書，在書店站著翻閱時，說不定就會想到國外旅行」諸如此類的新方法，說不定會改變目標的狀態。

想要爬上山頂，絕不只有一條路線

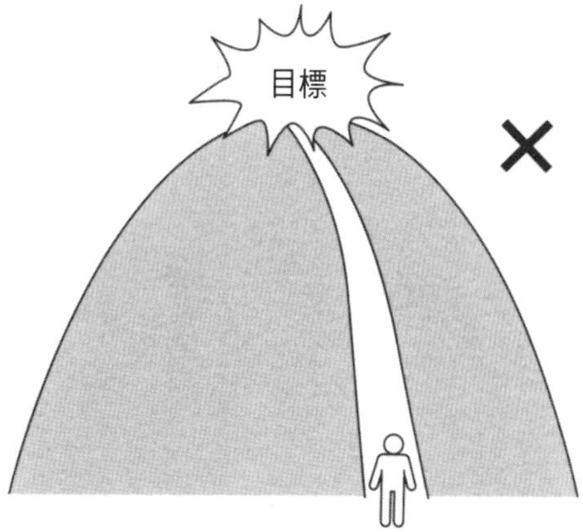

以繞遠路的方式，不僅能擴展視野，並且能充分地享受登山的過程，你不覺得比起目不斜視、以山頂為目標、拚命攻頂往上爬的方式來得有趣多了嗎？

在這個過程當中，說不定會發現連自己都尚未察覺的優秀才能。我認為，這種「繞遠路生涯規劃」才能夠不斷延伸擴大自我的可能性。

事實上，即使在工作上，努力地做好眼前的工作，等到登上更高一層的階段，就能看見以往未曾見過的景色。不僅如此，同時也能**遇見**與以往未曾想像的**全新的自己**。

透過「結盟版『自我成長』戰略」招喚機會的四大重點

我在前面已經提過「把著眼點放在受到周遭人的認同上」，不過我並不是要各位對他人「拍馬屁」或「奉承討好」。因為即使這麼做，充其量只能夠短暫取得表面上的信賴，而無法獲得他人長期的信賴。

為了獲取他人長期性的信賴，最重要的就是具備在任何公司都能吃得開的實力，成為真正擁有「品牌力」的商業人士。

具體來說，該怎麼做呢？

我認為，首先應該擬定自己的生涯戰略，並以正確的方法學習，儲存自己的能力，來獲得周遭人的評價。一旦這個循環開始運行時，就能夠招喚機會並掌握機會。因此，下列四點相當重要。

①成為獨特的人才

想要抓住機會方法之一，就是讓自己很獨特。一提到獨特性，或許各位讀者會聯想到「有趣」、「幽默」，不過這裡所指的獨特性的意思稍有不同。

這裡所指的是「**具備與眾不同的獨特性**」。然而即使任職於優良企業，擁有難以考取的資格，也不一定擁有獨特性。

若能成為「**在這世界上非你莫屬**」的這種人物當然是最好不過，但即使無法達到這種程度，只要能成為公司內少見的專長人才，也一定能夠獲得周遭人的認可。

說到這裡，或許有人會覺得「我不可能辦得到」。但**事實上，這是誰都能夠做得到的事**。你不需要做出一番大事業，而且這也與學歷或經歷完全無關。

此外，在很多情況下，常常自己認為「不足掛齒」的知識、技術與能力，從第三者的角度來看可能是極具魅力的專長。在本書一開始也曾提到「公司的常理是社會的非常理」，其實這些被視為是公司常理的技能，往往都是非常棒的技巧。

只要學會這本書所提出的培養「獨創性」的方法，你一定也能夠打造出屬於自己的品牌。

②培養鑑別力

所謂鑑別力，是指「能洞悉時代潮流、看清本質、評估會有發展潛力的領域與企業的能力」。

我發現清楚知道鑑別力的重要性的人居然非常少，事實上這種能力非常重要。那麼，鑑別力為什麼重要呢？理由有二。

第一，不管你如何磨練自己的能力，如果不能在未來有發展潛力的領域裡運用的話，就沒有發揮之處。或者是這種能力「只能在將要沒落的領域中使用」的話，那就更是英雄無用武之地了。

第二，是我待在兩家大型企業、創投企業以及獨立創業之後才真正體會到的事，也就是**「當公司不再成長時，公司內就會出現不滿聲浪」**。一般來說，在業務相當忙碌卻能持續成長的公司，員工也會活力充沛地持續工作。公司持續成長是能夠快樂地工作的必備條件之一，而能夠看穿這一點的，就是鑑別力。

③磨練社會力

不管你具備再優秀的工作技巧，若是缺乏社會力，將使你得不到周遭人的

結盟版「自我成長」戰略不可或缺的四大重點

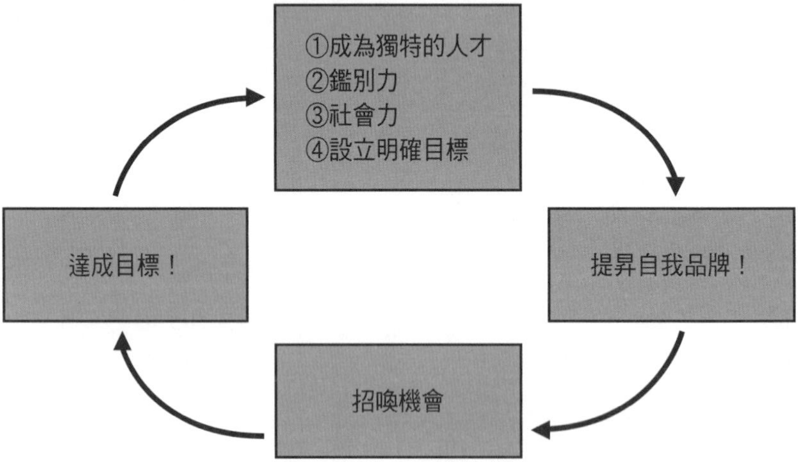

認同，也得不到他們的幫助。因此唯有先具備社會力這一穩固的地基之後，才能充分發揮三種基礎能力（後述），接下來才可活用學習力。

所謂的社會力，本來就不是要你「成為聖人君子」。而是要有時能先設想「對方接下來的動向的體貼」好好學習社交禮儀，以及時常抱著感謝他人的心等，如此才能夠有效提高社會力。

④找到自己想做的事

在工作上的實力愈強，社會力也就愈高。如果能夠成為這樣一個充滿魅力的人才，周遭的邀約自然源源不絕。

可是，如果已確定了想做的事，卻從來不對身邊的人提起的話，周遭的人也無法得知該委託你做什麼樣的工作，或者什麼事能對你有幫助。

結果到最後，就會變成你只是在配合周遭的人工作這樣的情況。

如果能夠意識到這四點，並提高這些能力，相信你都能夠具備各家公司所要求的「個人品牌力」。這不僅能讓你獲得升遷、收入提高數倍，也能夠實現你自己想做的事。

在現階段，或許還是有人「沒有想做的事」，不過沒關係，在閱讀本書的過程當中，你將能夠發現自己想做的事。不僅如此，同時也能夠擴展自己的可能性，並實現超乎想像的有趣經歷以及遠大夢想。讓我們跟著接下來的第2章到第5章，好好培養這四大重點。

第2章

從企業戰略學習

如何擬定「自我成長」戰略

企業戰略中充滿讓人成長的訣竅

「結盟版『自我成長』戰略」的發想，來自於企業戰略。

那麼為何在擬定個人戰略前，必須先學習企業戰略呢？這是因為企業會以各項實例的分析為基礎，經常擬定戰略、找出努力的方向來因應環境的變化。而企業戰略也能提供個人生涯戰略相當重要的提示。

擬定個人的人生成長戰略，具有如下的重大意義。

對於所任職的公司被併購或是破產等等風險，實在不是一般上班族所能控制的；可是面對你自己的人生，如果能夠藉由認清所處環境的變化與風險，透過戰略的擬定，**就能自行掌握一定程度的風險**。

接著，我將為各位介紹諸多的企業戰略中，可提供個人戰略重要訊息的幾項極具代表性的戰略論：

①競爭戰略

②藍海戰略
③平臺戰略

對於「想立刻瞭解擬定結盟版『自我成長』戰略方法」的讀者，也可以跳過這一章節，直接從第3章開始讀起。

乍看之下，或許各位可能會覺得這一章的內容是多餘的，但其實若能先充分理解「結盟版『自我成長』戰略」的基礎——企業戰略的話，反而能更快上手，更能深入了解個人戰略。

從五項因素來分析環境，在競爭中脫穎而出
～競爭戰略～

首先要介紹的，就是《競争の戦略》（競爭的戰略）這本書。所謂「競爭戰略」，是由哈佛商學院的知名教授麥克・波特（Michael E. Porter）所提倡的戰略。這本說明此一戰略的著作在一九八〇年出版，即便到了現今，仍被全球的經營者視為是戰略論中的聖經而廣為流傳。

這項戰略的重點，在於競爭環境的分析方法。分析方法有好幾種，主要使用的是一種稱為「五力分析」（The Five Forces）的方法。

具體而言，**即透過分析下列五大競爭因素，瞭解自家公司目前所處的環境**。就「自我成長」戰略而言，請將你自己視為一家公司。

當這五大競爭因素愈強，就表示處在競爭愈激烈的環境當中。

①新加入者

這是指剛踏入業界的企業，究竟會帶來多大的影響力這件事。越是「參加門檻變低」、「來自業界內業者的壓力變小」時，新加入業者的能力也就愈強，將使業界內的競爭變得更為激烈。

放在「自我成長」戰略來看，新加入者指的就是對你來說，強而有力的新人或轉行進來的人。

②競爭業者

是指同行業的其他公司。當符合「同行業者愈多」、「業界成長緩慢」、「產品缺乏差異性」等條件愈多，競爭也就愈激烈。

以「自我成長」戰略來說，就相當於你的競爭對手。

③替代品

當與自家商品具有同質性的他牌商品愈多時，競爭就會變得益加激烈。在現代，「具有同質性」的商品並不侷限於同一業界，像手機可說是新聞、雜誌、遊戲機、電視、音樂終端等諸多產品的替代品。

從「自我成長」戰略來看，相當於旗鼓相當的社外人士。

④購買者（買方）

這裡是指購買該項商品的業者或最終使用者。當「大量購買」、「改用其他成本較低的廠商產品」、「擁有豐富的商品資訊」等情況愈多，購買者的力量愈強，競爭也會愈激烈。

就「自我成長」戰略而言，購買者相當於你的雇主或客戶。

⑤供應商

供應商就成品製造商而言，是指商品的材料與零件的供應廠商，若就零售業者而言，是指批發商品的批發商或製造商。當具備「供應商少」、「從供應商角度來看，自家公司不是業界的重要客戶」、「供應商提供難以由他處取得的商品」等因素時，自家公司在業界就處於相當不利的狀況。這樣的結果，使得競爭變得更加激烈。

五大競爭要素（五力 The Five Forces）

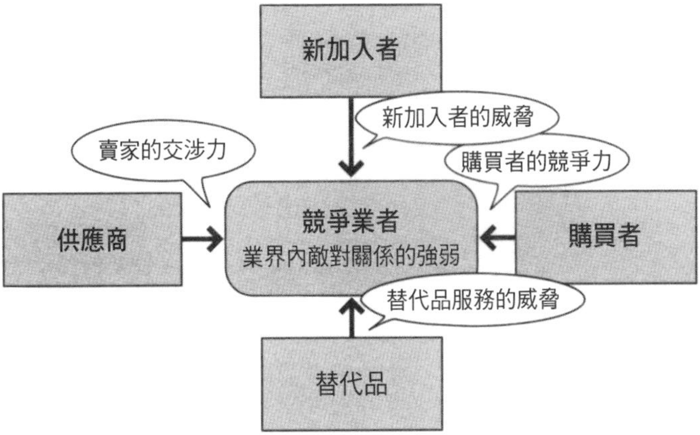

出處：《競争の戦略》（競爭的戰略）

就「自我成長」戰略而言，就相當於難以取得的證照、資訊以及人脈。

上述五點，都是導致競爭的要素。只要試著將個人當作公司一樣進行分析之後，就能夠明確瞭解自己所處的立場。

個人要在競爭中勝出的三大必備戰略

我們已透過「五力」分析自家公司所處的環境，接下來就要開始以「競爭的戰略」為基礎，制定具體的戰略。

由於原書的內容相當複雜，我用自己的方式簡單地整理如下。

波特所主張的是，「在五大競爭要素中自保的戰略是，從長期來看，只能採取下列三種戰略」。

①成本領先戰略

主要為「低價戰略」，亦即販賣商品價格是市場上最便宜。方法相當多樣化，像是「開發以低成本製造商品的技術」、「採購便宜的原料」等。舉例來說，在不景氣當中仍屹立不搖的UNIQLO、麥當勞等諸多企業，都是採取這種戰略。不光是價格便宜，而是比較了商品的附加價值後更顯便宜，這是近年來市場贏家的特徵。

靠三種戰略贏得競爭

差異化戰略

- 凸顯出其他人所缺乏的特徵，目標著重在差別化的戰略
  例如：任天堂的Wii

成本領先戰略

- 低價戰略
- 販售價格比其他公司便宜的商品戰略
  例如：UNIQLO、麥當勞

集中化戰略

- 縮小在特定領域贏得競爭的戰略
- 篩選方法有商品種類、地區、販賣層等
  例如：豐田汽車的Lexus

就「自我成長」戰略而言，也可說是就算薪資低廉，還是能展現出超乎薪資的價格性能比（Cost / Performance）。

②差異化戰略

這是創造其他公司所缺乏的特長，以凸顯彼此間差異化的戰略。例如「開發出其他公司所缺乏性能的商品」、「塑造品牌形象」、「提供比其他公司更完備的服務」等。其中以能夠活動全身的電視遊樂器為其特色的任天堂Wii，就是最好的例子。

就「自我成長」戰略而言，亦即「什麼是只有你才能夠勝任，只有你才能夠展現出色成果的工作」。

③集中化戰略

此一戰略是將商品集中在特定的領域，並主打①的低價戰略或是②的差異化戰略的戰略。集中的方法有商品種類（例如：高級汽車）、地區（例如：日本東北地方）、購買層（例如：三十幾歲的女性）等。

就「自我成長」戰略來看，像是「身為業務員，我的售後服務絕對不輸給任何人」、「身為地方出身的人，在老家的經營要特別用心」等，亦即以**「差異化戰略」為基礎，凸顯出你的價格性能比愈高，活用優勢一決勝負的戰略。**

以上我大概介紹了「競爭戰略」。換句話說，即企業針對自家公司的事業應制定何種戰略才能確保明確的定位，這就是贏得競爭的關鍵。

我們將這項戰略套用在個人的話，可說明如下：

首先是第一點，在思考「自我成長」戰略時，**必須冷靜分析自己所處的環境。**

具體而言，指的是自己的上司、客戶、同事、下屬，甚至是在同行從事相同工作的人等。以個人來說，與其說要在競爭中獲勝，倒不如把心思放在**如何**

獲得高度評價這一點上。

至於第二點，則是在這三項競爭戰略當中，「低價戰略」與「集中化戰略」有時不容易套用在「自我成長」戰略上。比方說，因為生活形態或是志向不同，希望薪水能夠多一點，薪資低卻想要多點自由時間、希望在大都市工作、想在老家工作、不想要調職等想法也會有所差異。

因此，**為了能在多變的環境下生存下去、使自己具備品牌力，最重要的就是「差異化戰略」**。

朝著沒人去過的汪洋大海出航！
～藍海戰略～

另外，近年來備受矚目的就是《藍海戰略》。

這是由任教於法國的商學院INSEAD（歐洲工商管理學院）的兩位教授金偉燦（W. Chan Kim）與莫伯尼（Renee Mauborgne）所提倡的戰略。

這項戰略的特徵並不是「競爭戰略」所主張的，「在與敵對公司的競爭中勝出」，而是著眼於**「創造沒有競爭對手、沒有競爭的未知市場」**。

此一戰略之所以稱作「藍海戰略」，原因在於這是指遠離同行對手的激烈競爭，亦即「紅海」市場，另著眼於「朝向沒人去過的汪洋大海出航」。

以「自我成長」戰略來說，也就是**沒有競爭對手、能獲得Only One（唯一）評價**。

塑造「喝咖啡是種時尚」的生活型態的星巴客、只要花一千日圓和十分鐘即可快速理髮的QB HOUSE（日本的平價美髮連鎖店）等，就是這項戰略最成

藍海戰略

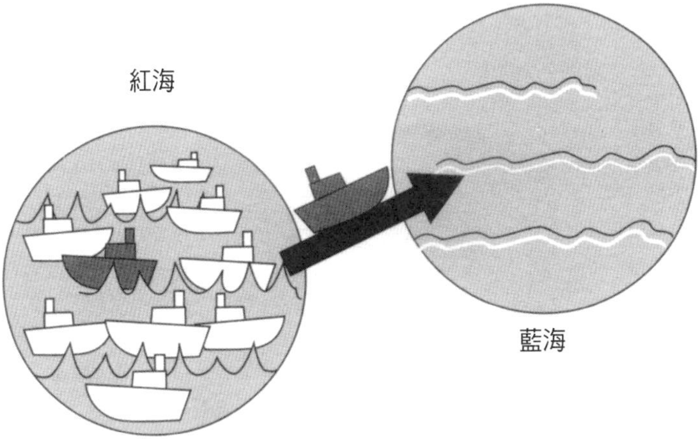

功的典型，同時也是各位耳熟能詳的最佳例子。

QB HOUSE提供顛覆以往美髮店常識的服務，像是「不洗髮」、「不做肩膀按摩」、「十分鐘內完成」等，因而受到「不想花時間在理髮上」、「理髮不用太舒適」的忙碌上班族的廣大支持。

至於「i-mode」、「手機電子錢包」，也可以說是藍海戰略的另一個成功例子。

這是在以往僅以聲音通話為主要功能的手機中，加入「數據通信」以及「付款功能」，開創「使用手機上網」以及「以手機代替錢包使用」的嶄新功能；進而改變了手機的使用方式，受到廣大使用者的支持。

「藍海戰略」與競爭戰略最大的不同點，在於能夠同時實現「低成本戰略」以及「差異化戰略」。

目標成為無人能敵的ONLY ONE——活用「藍海戰略」

在「藍海戰略」當中，首先要使用的是「戰略布局圖」來進行市場分析。所謂戰略布局圖，即如下一頁圖表所示的工具。橫軸為「業界各家公司為吸引客戶所投入的力氣」，縱軸則以「客戶可得價值的程度」來表示。

我們在這個座標圖上，分別畫上代表「業界標準」、「競爭對手」以及「自家公司」的曲線後，業界與自家公司處在何種狀況就能夠一目瞭然。

這條位在座標圖上的曲線，稱作「價值曲線」。我們正是以這條價值曲線，來思考如何創造出有別於其他公司的價值曲線。

想要描繪出其他公司的價值曲線，可以只用「在參考業界標準與其他公司的價值曲線後，全力投入業界各家公司所遺漏之處」的方法。

然而，最後經常會得到「沒有遺漏之處」的結論。因此，在「藍海戰略」當中，必須以「重新評估既有市場，開創新的市場定義」，也就是以跳脫固有觀念，以開發新市場為目標向前邁進。具體而言有下列幾種方法。

在「自我成長」戰略中，請你試著改以自己將來的工作來進行思考。

戰略布局圖的範例（以汽車為例）

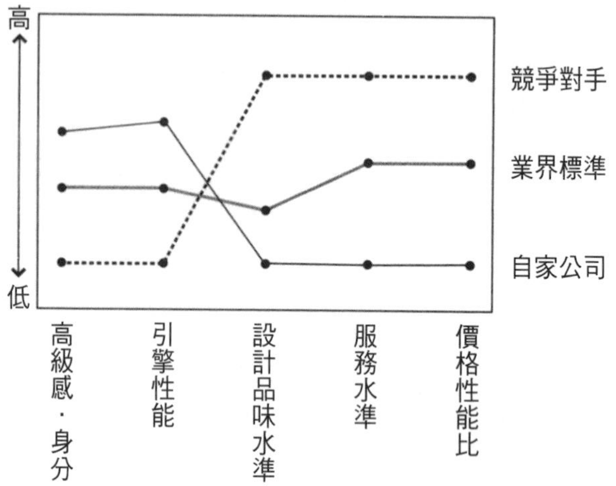

①著眼於既有客戶以外的顧客

不要只重視既有的客戶，同時也要把眼光放在尚未使用自家公司商品或服務的人。具體而言，又可分為三種人：購買意願低、姑且將就使用其他商品的「態度消極者」、對現在業界的商品有所不滿的「決定不使用者」、以及完全不使用該項商品，甚至連替代品也不屑一顧的「與市場保持距離者」。經過一番整理之後，接著就要思考拉攏這些既有客戶以外的顧客成為新的客戶的方法。

在「自我成長」戰略中，也就是如同「週末創業」這種開展新工作的例子。補充說明一點，「週末創業」的範例以藤井孝一氏最為有名（擁有人氣電子報與部落格）。

②思考六種布局

接下來將從下列六種角度，尋找開創新市場的提示。

◇調查替代產業

先找出可作為自家商品的替代品，然後想想消費者「為何不選用自家商品，而選擇該替代品呢？」以航空界為例，亦即「為什麼不搭乘飛機，而選擇搭新幹線或自行開車呢？」

就「自我成長」戰略而言，舉一例說明。則是想想**自己創造出的「價值」，他人是否也能夠辦得到？**

◇調查業界中與自家公司採取不同戰略的公司

好好找出顧客之所以選擇他牌商品，而不選用自家商品的原因。例如「因為功能相當齊全」、「附加獨家的服務」、「只因價格便宜」等。

就「自我成長」戰略而言，請著重於「究竟自己與工作績效好的同事A有什麼不同？」這一點來思考。

◇著眼於購買者

一般來說，購買者總是多數。以汽車零件製造廠商來說，可能購買者有成車廠商、零售商、最終使用者，以及最終使用者的家人等。在檢視所有的購買者後，請把眼光放在過去所輕忽的購買者。

就「自我成長」戰略而言，就是請試著想想除了現在公司的上司外，自己能否對隔壁課的課長以及客戶有所貢獻。也可試著想想你的新任上司。

◇調查具有補強功能的商品

以汽車為例，購買汽車的顧客，不可能只有購買汽車而已，同時也會購買汽車衛星導航、芳香劑、以及椅墊等具有補強功能的商品。因此逐一調查具備上述補強功能的商品，並思考如何利用目前的商品實現該項功能。

就「自我成長」戰略而言，舉例來說，不光是自己的評價，同時也需試著想想你的下屬、客戶以及人脈等受到周遭人何種評價。

◇逆向操作機能取向與感性取向

所謂「機能取向」，即重視尖端技術與合理性；至於追求外型時尚與舒適者則為「感性取向」。大部分業界，幾乎都會偏重於某一取向。因此，我們可以嘗試思考逆向操作的戰略。

舉例來說，一般的美髮店均採取感性取向戰略，除了花費近一小時的時間剪髮之外，同時也會替顧客按摩肩膀或刮鬍子，成為讓顧客放鬆心情的地方。然而，QB HOUSE則是逆向操作，採取著重剪髮功能的戰略，因而大獲成功。

就「自我成長」戰略而言，舉例來說一般銀行員總給人嚴肅的印象，因此若能給人充滿幽默且開朗的獨特印象，就是一種逆向操作。

「藍海戰略」的企業範例

QB HOUSE		現有的髮廊
10分鐘	時間	1小時
1000日圓	費用	3000～5000日圓
無	洗頭	有
無	刮鬍子	有

↓

開拓「不想在整理頭髮上花費太多時間」的新顧客群！

◇預測將來的趨勢

有些明確的趨勢，比方說未來人口會減少。針對類似趨勢，我們要想想它會對業界或公司造成什麼影響，及早思考因應對策。

就「自我成長」戰略而言，好比對負責籌劃公司社刊的人來說，隨著公司內電腦的普及化，社刊逐漸被電子郵件所取代，因此工作內容可能會有大幅的改變。

先好好思考上述六種角度，然後再就整理出來的結果，來找出其他公司、他人所沒有的原創性價值曲線。至於方法，其實非常單純。只要透過下列四種步驟，就能夠讓自家商品以及服務脫胎換骨。

◇「添加」→添加全新元素
◇「去除」→完全去除以往的特點
◇「增加」→大幅增加以往的特點
◇「減少」→大幅減少以往的特點

我們以QB HOUSE為例：

◇「添加」→十分鐘完成美髮，費用只要一千日圓
◇「去除」→省略洗頭、肩膀按摩以及刮鬍子的服務

透過實行上述方法，就能夠開創嶄新的商業模式。

那麼將這些方法套用到個人身上又是如何呢？我們以「增加」與「添加」為例，如果是飲料廠商的業務人員的話，可能是「學會製作超市專用的自創POP以及設計的技巧」；如果套用到書店店員身上的話，就可能是「他能清楚

知道如何創造一個其他書店所沒有的書籍類型的展售櫃」。

「透過尋找沒有競爭對手的藍海，既能夠避免戰況激烈的競爭，同時也能夠獲得更多顧客的支持。」

此一戰略，不論是在制定個人生涯方面或是在今後的時代，都非常有參考價值。舉例來說，我們可以從身邊的小事開始做起，像是減少加班與聚餐，增加讀書時間、擴大人脈、或是改變髮型等來做改變。

透過「結盟」達成大幅成長
～站在世界最尖端的「平臺戰略」～

最後要為各位介紹的就是「平臺戰略」（原名為「多邊平臺戰略」（Multi-Sided Platforms））。這項戰略與「結盟版『自我成長』戰略」有非常密切的關係，我將為各位更詳細介紹「平臺戰略」。

平臺戰略理論因《Invisible Engines》（看不見的引擎，MIT Press）一書榮獲二〇〇六年美國出版協會商業經營書籍大獎，因此備受注目，並被視為二十一世紀企業贏家的戰略。

此外，年僅二十六歲的哈佛商學院副教授安德烈．哈邱（Andrei Hagiu），他為此一範疇的世界知名權威，我們一起進行共同研究，他同時也是我個人所經營的株式會社Netstrategy的共同代表者。

哈邱博士被一些人士譽為「麥可．波特再臨」（全球競爭力大師），現是日本唯一提供基於這項理論的顧問服務。

所謂「平臺戰略」，簡而言之，可定義為「**這是一種透過仲介複數集團的需求，促進集團間產生相互作用，藉此建構該市場經濟圈的產業基盤型的商業模式**」。

更簡單地說，亦即「透過建立平臺，讓更多的企業與人參與其中，除了自家公司所具備的優勢之外，同時也運用各家企業以及所有人的力量使自己成長，且重視『結盟』的戰略」。所謂的平臺，亦即「互惠結盟的場所」之意。

就「自我成長」戰略而言，即並非靠自己一個人的力量蠻幹努力，而是「**即使是一個人辦不到的事，也可以向周圍討救兵，借助眾人的力量加以實現的戰略**」。

諸如知名的搜尋引擎Google、網路購物中心樂天網站，以及DOCOMO的i-mode等，都是採用這項戰略的具體成功企業。除了網際網路的世界外，在現實世界中，例如聚集各種行業承租者的購物中心、建築設計宛如迷宮般複雜且大受歡迎的六本木大樓、在店內設置郵筒的LAWSON便利商店等，也是相當典型的企業範例。

接下來，我將針對「平臺戰略」的流程依序進行說明。

為了成為提供平臺的主幹，使該平臺能為各家企業所使用，首先必須提昇平臺本身的魅力，藉此吸引諸多客戶。受到平臺強大集客力的吸引，然後就會有更多企業參與其中，自然就會更加彰顯平臺的魅力了。

這項戰略的主要目標，就是開創如同上述的正回饋作用。

事實上，近年來成功的企業中，採取「平臺戰略」的企業增加得非常多的趨勢，特別是在網際網路領域，這種傾向更是明顯。

而促使「平臺戰略」受到矚目的背景中，有三種時代潮流。

首先是，**與以往相較之下，技術革新的速度變得極為快速**。

因此與其由單一企業提供所有服務，倒不如與擁有技術的企業結盟，反而能更有效率且迅速進行應對。

其次，由於人們的需求愈來愈多樣化，光靠單一公司的力量來滿足顧客的各項需求並不是件容易的事。在這樣戰況激烈的競爭環境中，只有**能夠迅速滿足顧客諸多需求的企業才能生存**，因此借助其他公司的力量也就變得非常重要。

上述幾點，在「自我成長」戰略中也是一樣。也就是說，**比起由一個人獨**

「平臺戰略」概念圖

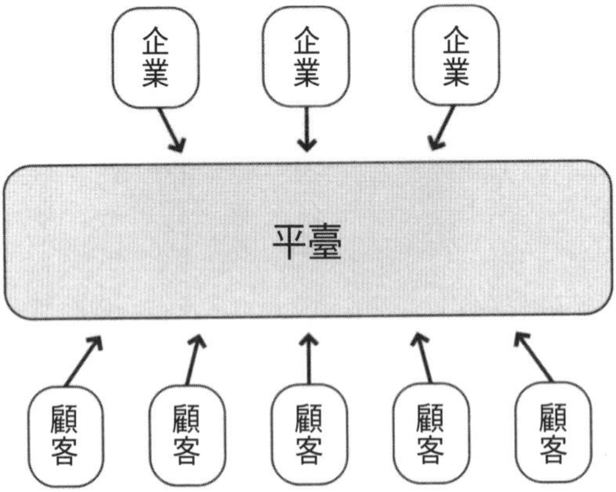

自包辦一切事物，今後應該會朝向借助多人智慧的型態發展。

不僅如此，與過去相比，由於網際網路的普及與定額制、費用減少、以及寬頻化，使得花費在資訊交易的成本與時間大幅降低，也是其中一項原因。

隨著名為「Web2.0」的雙向資訊交流服務普及於日常生活中，使得個人的名聲與評價能夠傳遍世界各地，一種被稱作「病毒式行銷」（名聲如同病毒般迅速擴散）的嶄新世界就此誕生。

正因如此，過去大型企業得投入龐大的廣告費用才能讓服務與產品廣為人知，現在就連中小創投企業也能夠與之對抗了。

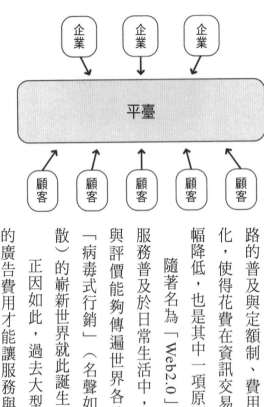

然而，「**整合資訊**」的《ＰＩＡ》雜誌的創業者矢內廣先生也曾提到，僅有一小部分的企業能夠在網際網路的世界裡贏得勝利。

在網際網路服務上，如果無法發揮廣泛的口碑效應的話，那麼無論再怎麼進行廣告宣傳也很難快速地擴大平臺。

而這一點，也是造就壓倒性企業贏家與其他眾多企業的原因之一。

矗立在「平臺戰略」成功之前的障壁

想要成功創建平臺，就必須得跨越重重障壁。其中最大的一道障壁，就是如何讓「吸引使用者前來↓提供服務的企業增加」的正回饋，在最先推出的第一波就能成功。

雖然這並不是「雞與蛋的爭論」，不過在這裡，或許各位的腦中會浮現一個問題：「究竟應該先使顧客增加，還是先使企業增加才好」？

這個問題的答案是以上皆非，而是「**視建立平台的企業先有什麼條件才進一步改變戰略**」。其中的一種成功範例，我稱之為「L字型」方法。這種是充分活用在某一特定領域的服務與事業所獲得的品牌力，再水平式地建構平臺的方法。舉例來說，現在已成為全球最大廣告媒體的Google，剛開始時只不過是一家提供搜尋引擎給各網站的系統公司而已。

不過，後來Google以搜尋引擎，成功地實現加快搜尋速度，同時提供使用者滿意度極高的搜尋結果，因而成為世界知名的公司。

其後，Google基於「由於搜尋汽車的使用者對汽車抱有極大的興趣，因此刊登汽車廣告」的理由，開始跨足商業廣告的業務。

不僅如此，Google又著手進行文章解析，結合Google網站以及電子郵件常用的關鍵字，與廣告連結等新商業服務。據說Google的目標是「成為能夠搜尋全世界所有資訊的公司」。

Google以「卓越的搜尋技術」作為品牌，成功地創建平臺。在任何領域上，能夠充分運用公司擁有的資產（使用者與技術等）並創建平臺的企業，就能夠提高成功機率。

就「自我成長」戰略而言，亦即以自己特有的優勢為基礎，**集合眾多人力，並轉化為自己的助力。**

為了成功實行「平臺戰略」最重要的事

現在，有不少企業導入「平臺戰略」，可是並不是每家企業都一定會成功。

這些成功企業的特徵，不光只是扮演莊家，而是**讓所有參與此一平臺的人都能夠獲利**。

舉例來說，以手機電子錢包為例，不僅讓手機使用者方便使用，就連信用卡公司也能夠獲得極大的利益。

截至目前為止，信用卡公司未曾開拓以數百日圓為單位的少額付款市場。主要原因在於，小額付款並不能讓信用卡公司的系統成本獲取相應的收益。

而這一點，將隨著手機電子錢包的問市——雖然仍在開發階段，得以成功地開發這塊市場。

然而，假使平臺能夠順利步上軌道，也仍然無法完全讓人放心。因為依維修手段不同，平臺亦可能隱藏瞬間瓦解的危險性。這是因為**如果平臺無法經常**

更新，使用者很快地就會感到厭煩。

此外，就收益性的這層意義來說，不一定是指使用者數量的多寡，關鍵在於如何提高使用者的付費金額，來追求商業模式的多樣性。舉例來說，在SNS的使用者人數當中，以mixi的使用者人數最多；然而在收益方面，GREE的收益卻是mixi的數倍之高，此一現象值得令人深思。

無論如何，為了繼續維持平臺，使平臺持續更新，就必須持續使希望參加平臺的新使用者增加。

不過，並不是只要單純地導入新的服務項目即可。而是要視服務內容的品質而定，因為萬一服務品質不佳，將有可能導致平臺的退化。

若顧客逐漸遠離平臺，那麼參加企業也會跟著離開；反過來說，若參加企業逐漸離開平臺，顧客也會跟著離開。這麼一來便會導致惡性循環，平臺也會在轉眼間走向衰退。

如何繼續維持「使所有參加者都能獲利」這一點，既是決定「平臺戰略」成功與否的最大關鍵，同時也是最困難的一點。

這一點在「自我成長」戰略中也是一樣。不光是只有自己一人獲利，最重要的是秉持「GIVE&GIVE&GIVE&TAKE」的精神，不僅讓所有參與者都能獲利，同時獲得眾人的信賴，自己也能夠持續成長。

利用「平臺戰略」大獲成功的企業案例

接下來，我將以具體的企業範例當做實例研究，再深入介紹「平臺戰略」。樂天公司創建樂天市場這一平臺，匯集了各式各樣的店鋪，興建「各式商品應有盡有」的大型網路購物中心。

這樣的結果，不但增加了不少「想要的商品一上市，就上樂天網站去看看」的使用者，同時也有更多店鋪加入樂天平臺──「只要加入樂天市場，就會有許多前來購物的顧客」，因此產生良好的循環。這部分最重要的一點，即是樂天本身並沒有販賣任何商品，而是提供一個購物平臺。

之後，樂天透過收購證券公司、郵購公司、搜尋引擎網站公司等，在短期內，成為提供各項服務的網站。

而這些服務也可以儲存並使用與樂天市場通用的「樂天超級點數」。因此，樂天的使用者自然就會產生「與其使用其他網站，不如使用樂天網站」的想法。樂天公司透過將樂天市場的平臺獲得的會員，轉介到自家公司其他服務上，藉此實現高收益性。

如今，樂天已經建構出「樂天點數經濟圈」的世界，也就是邊以購物作為核心的服務，事實上卻透過集點活動，現已展開人數高達五千萬人的日本最大規模會員業務。

然而，樂天市場並非自開設當初就一口氣增加許多店鋪。儘管樂天市場前景備受看好，可是願意特地拿出使用費在小型網路購物中心開設賣場的商店卻並不多。

當時，樂天提出免抽銷售利潤、使用費每月只要五萬日圓的方案，比起其他購物中心的使用費可說是空前的低價；儘管如此，仍有不少商店決定繼續觀望，「等規模再擴大一點後再來參加」。只要參加平臺的店鋪沒有增加，使用者就無法感覺到平臺的魅力，也正因為平臺具有商業價值，因此才能有確實的成長。如何讓平臺儘快步上軌道，順利地在第一波大獲成功，就成為決定「平臺戰略」成功的關鍵。

「平臺戰略」——以樂天為例

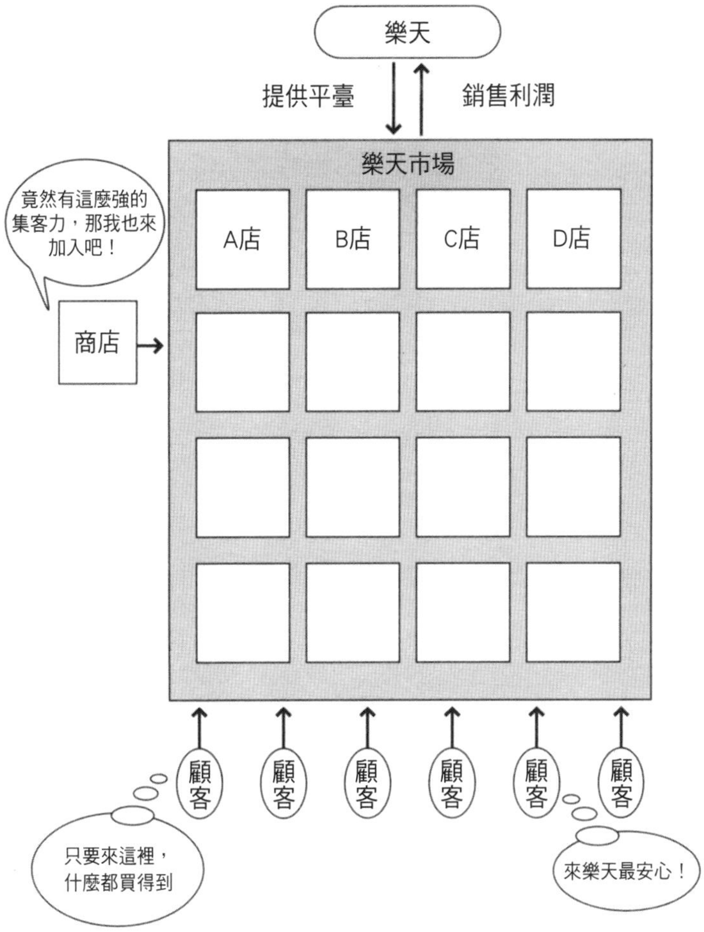
樂天
提供平臺
銷售利潤
樂天市場
A店
B店
C店
D店
竟然有這麼強的集客力，那我也來加入吧！
商店
顧客
顧客
顧客
顧客
顧客
顧客
只要來這裡，什麼都買得到
來樂天最安心！

造成平臺進化與退化的因素

我們在前面已經提過成功的「平臺戰略」範例，接下來將透過實際例子的比較，來看看造成平臺進化與退化的因素。

平臺退化最知名的例子，就是全球規模最大的拍賣網站eBay。

首先，eBay於一九九九年收購一家叫做Paypal的付款服務公司後，獲得使用者的大力支持。

Paypal讓金錢交易變得更輕鬆簡單，不論是拍賣網站上的買家或賣家，都能以安全簡單的方式直接在線上付款。因此，eBay公司也隨之進化。

然而到了二〇〇五年，收購Skype卻成了eBay的一大敗筆。

Skype是一種可透過網際網路打視訊電話的系統。

站在eBay的角度來看，他們認為「如果能夠讓拍賣的使用者進行溝通，不就變得更方便嗎」？

然而，想將商品高價賣出的賣家與想以低價買進商品的買家，兩者之間根本不想進行所謂的溝通。事實上，在導入Skype系統之後，對於eBay的業績的確造成不良的影響。

這一點也可套用在「自我成長」戰略上，諸如站在自己的角度來看是強化優勢，**實際上卻完全不符合周遭人的需求**，其實相當常見。

下面介紹的同樣是退化的案例。

雅達利（ATARI）是全球第一家家庭遊戲機公司，蘋果電腦創辦人史提夫·賈伯斯曾任職於該公司也是相當有名的軼事。

過去，遊戲主機與遊戲軟體是合為一體的。到了現在，諸如家用電腦、Wii、以及Play Station等遊戲主機，一台主機即可讀取各種遊戲軟體進行遊戲。這一點與過去的遊戲主機截然不同。

在這期間，雅達利於八〇年代初期發表一款名為「雅達利2600」、可讀取各種遊戲軟體的遊戲主機，結果造成相當大的轟動。

截至目前為止，雅達利作為一個平臺所採取的戰略可說是相當成功。

然而，這項戰略卻也引發「雅達利衝擊」（ATARI Shock），造成玩家紛紛離去，最後導致出現經營破綻，甚至遭到被併購的命運。

最主要的原因，在於暢銷遊戲軟體並沒有一個明確的基準，不管哪一款遊戲皆可使用雅達利主機來讀取所致。這樣的結果，使得粗製濫造的廉價遊戲軟體充斥在市面上。此外雅達利所發售的遊戲軟體「ET」等也相當失敗，因而喪失玩家的信賴。

像這種一旦大獲成功的平臺經常帶有一種危險性，即只要在進化的戰略上出現疏失，很容易就出現破綻。

正如同「劣幣驅逐良幣」（又稱為「格雷欣法則」）所述，就「自我成長」戰略而言，在自己的團隊當中，一旦有格格不入者加入之後，就會造成既有的伙伴紛紛離開，這類案例也相當常見。

最後，我要介紹的是從退化到復活的案例，這是一家名為「Ticket Master」的美國企業。Ticket Master是一家以販賣公演等門票為主，而急速成長的公司。

可是自二〇〇〇年時起，門票的銷售情形卻開始出現停滯現象。

這是因為門票拍賣網站急速成長所造成。過去Ticket Master堅守定價販賣的原則，堅決反對採取票券打折或優惠活動策略。

然而，站在使用者的立場來看，因為想購買門票，即使不上Ticket Master的網站購買，若能在拍賣網站上買到便宜的門票，當然就會選擇到拍賣網站上購買。

因此，Ticket Master於二〇〇三年做出了明智的判斷，亦即一反過去堅決反對的立場，展開以變動價格販賣票券，並加入拍賣的行列。由於這項決策，使得Ticket Master再度恢復成長。

「自我成長」戰略也是一樣。**雖然不能變更自己的主軸，但也不要不知變通地堅持自己的主張，有時也要仔細關注周遭人的需求，才能更有彈性地選擇，並打開一條生路。**這類成功的例子也不少。

即使是個人，也應該將自身視為一個平臺，只要能夠凝聚更多人力，就會出現更多優勢。

舉例來說，它可以實現一個人無法完成的事業。並且也能夠獲得各式各樣即時資訊，正確地判斷世界上的資訊；同時能夠避免「選到衰退產業」、「跳槽到奇怪的公司」等選擇錯誤的事業。現在，**靠著「平臺戰略」使個人大幅成長的時代已經來臨了。**

第3章

培養抓住機會的「自我能力」

用「戰略性．繞遠路生涯規劃」來招喚機會

我們在瞭解各種戰略的概念、掌握其本質之後，接下來就來介紹「結盟版『自我成長』戰略」更具體的執行方法。

如前所述，結盟版「自我成長」戰略與既有的生涯戰略，即所謂「從人生的目標往回推算後，再設定中期以及短期目標，全心全意地執行，然後以最短距離達成目標」的戰略完全不同。

這是因為，為了在現在這個險峻的時代中存活，**對於無法預測的事能夠應付自如，不僅得到他人的幫助，同時也能持續成長的人才也就顯得相當重要。**

「結盟版『自我成長』戰略」正是基於以下的想法，「既然人類的生命有限，在設定自己最終長期目標後，直到達成目標之前，**該如何做生涯的選擇，才能夠揮灑出令人期待且充滿個人色彩的人生劇本**」。

只不過，雖說要編寫出「充滿個人色彩的人生劇本」，還是令人感到茫然，不知該如何是好。

因此在縮寫人生劇本時，必須同時想著「差異化戰略」、「藍海戰略」以及「平臺戰略」，然後再藉由「戰略性・繞遠路生涯規劃」一邊享受人生，一邊磨練自己，進而招喚機會。

回顧上述三種戰略以及我個人的經驗，要成功執行「戰略性・繞遠路生涯規劃」，有下列兩項重點。

①擁有兩種以上的擅長領域

「關於〇〇方面，我很有自信」、「在自己所在的工作崗位上，我是最瞭解的」像這樣，擁有自己所擅長的領域將成為最大的武器。

這是因為**擁有特別擅長領域者，比較容易招喚機會**。

舉例來說，如有明確的擅長領域，當有大型專案或是有趣的事情時，周遭的人也會很容易聯想到自己。這麼一來，「關於〇〇方面，就交給他來辦」、「有關△△方面，問她準沒錯」很容易讓人印象深刻。相反地，沒有特別擅長領域的人，則很難被付予任務。

我在擔任DOCOMO部長的時候，才深刻體認到這一點的重要性。每逢需要思考「這件工作應該交給哪個人來負責」時，擁有具體擅長領域的人比較容易分派工作。

由於容易被分派工作的人可累積各種工作經驗，因而能夠提昇自己的能力。同時在這個過程中，也能夠磨練自己的擅長領域，並增加其他擅長領域，**當然也就更容易分派工作，如此而形成良好的循環。**

回顧我個人的工作經驗，我覺得自己能夠獲得這麼多的工作機會，正是因為我擁有所擅長領域的緣故。

任職於DOCOMO期間，正因我是公司內少數「精通金融方面知識」的人，因此才將手機電子錢包的企劃案交付給我。

辭去DOCOMO的職務之後，因為具備「企劃手機電子錢包」以及「精通金融與智慧型手機方面」這兩種擅長領域（強項），我才能夠在資訊科技創投企業以及大學中任教。

當然，如同從古至今的諸多偉人所證明、流傳後世的事蹟般，若能擁有不輸給任何人的擅長領域自然是再強不過的了。

不過老實說，對於包括我在內的許多人而言，想要達到「在○○的領域為日本第一」的水準並不是一件簡單的事。正因如此，我認為應該以擁有兩種以上、達到某種程度的擅長領域為目標。

即使是達到「所在單位內的NO.1」或是「團體內的NO.1」的水準，只要具備兩種以上的擅長領域，就能提昇獨特性，馬上減少許多競爭對手。

我之所以選擇從興銀轉換跑道到DOCOMO這條路，就是希望自己能具備兩種專業領域。在「金融」或「資訊科技」單方面專精的人多不可數，但若能專精這兩方面，就能夠馬上去除許多競爭對手。這正是源自同時實現「差異化戰略」以及「藍海戰略」的方法理論。

②時常告知他人自己的理想以及喜歡的事物，來吸引資訊及人脈

舉例來說，像是「將來我想做這樣的事」、「我很喜歡這類的工作」等，若能對自己的理想以及所喜歡的事物有某種程度的了解，並對周遭的人發出訊息的話，很容易就能招喚機會。

當然，一點一點地累積實績才是王道，同時也是基本原則。不過在持續累積實績的過程中，也可透過將自己的理想以及喜歡的事物持續對外發出訊息，

「對了，他曾說過很想嘗試這方面的工作」、「既然你對這個工作有興趣，那就交給你辦囉」。像這樣，就能增加找到符合自己期望工作的機會。

其實，之前在我還沒展現任何實績以及具體成果的時候，我也老是將「今後將是手機的時代」、「我超喜歡沖繩」、「與執行既定的工作相比，我更喜歡籌備新企劃、挑戰新事物」等等話語掛在嘴邊。

這樣的結果，使得我從友人口中得知「DOCOMO正在招募人才」的消息、接獲「你願不願意到沖繩的大學任教」邀請，以及找到志同道合的夥伴「我們一起來創辦支援創投企業的公司」因此才有今日的我。

當然，並不是光是將自己的理想以及喜歡的事物對外發出訊息後，就能輕易地得到回音。如果無法搞定眼前的工作，只是一味地談論夢想，根本不會有人把你放在眼裡。

為了能夠獲取所需的資訊、受到周遭人的讚賞，**即便是瑣碎的工作也要盡全力達成，自然而然地就會一點一滴地顯現出成果。**

這麼一來，**隨著不斷地累積出「信賴」**，然後就會慢慢出現所需的資訊。

找出自己潛在的擅長領域

當你想著「我想擁有的擅長領域」時，證照是最具體的證明，因此考取證照被視為是最適當的方式。

雖說我在前言曾提及「抱著只要考取簡單的證照即可的想法，一定會失敗」，其實我也不是不懂想考取證照的心情。

只要透過有系統的學習方式，就能培養擅長領域。只要一拿出「○○2級」、「持有△△執照」，外人一看就知道你具備何種知識以及程度如何。

然而，若想涉獵未曾接觸過的領域的話，必須花費相當的時間以及努力才能展現成果。這一點不只限於證照方面，轉行和創業也是一樣。

輕易地就選擇要考證照的人，很容易錯失**最重要的寶物**。

亦即錯失「過去自己所完成的事」以及「現在自己正在進行的事」。造成錯失這些寶物的原因，正是由於內心深處一直抱有「現在所從事的工作，根本微不足道」、「這種工作，根本無法向人炫耀」、「即使再怎麼努力，這也算不上是令人自豪的專長」等想法所導致。

長期待在一家公司裡或許很難察覺到這點，但由於我自己曾任職於三家公司，也具備了公司的經營者以及在大學講課的經驗，因此我站在不同的角度來看，特別能體會這一點。

此外，被周遭的人所認可的「擅長領域」，如果沒有實際經驗也就失去其價值。從這點來看，**過去所累積的工作經驗，正是透過實務經驗所獲得的最大武器**。

我深刻體會到沉睡在自己過去工作經驗中的寶物，正是除了「資訊科技」與「金融」知識以外的擅長領域——「交涉（談判）」。

任職於興銀時期，在從事專案融資的工作過程中，曾與諸多企業進行交涉。可是，當時我卻一點也不認為交涉是我的專長。

直到有一次，上司對我說：「不管再怎麼困難重重或是出現紛爭的案件，只要交由平野先生去交涉，案件總能順利進行。你應該很擅長交涉吧？」

聽到這番話，我卻認為「雖說我根本不想接觸交涉方面的工作，但是搞不好，我其實是個非常具交涉力的人!?」

我甚至覺得，「說不定我只是因為被人捧了幾句，不由得被迫得去處理麻煩的案件」。但另一方面，我確實聽過上司說過，我在與中國不良貸款公司進行的交涉等方面的確有顯著的成果。

人真是奇妙的生物，自此之後，愈是遇到紛爭的交涉案件，我就會抱著「好，我盡量想辦法」的想法，結果整個人都變得充滿幹勁。

這麼一來，為了進行交涉，就會努力使勁用各種辦法，例如學習更多法律常識等，盡可能獲得對方公司的理解。

就這樣地，我在無意間就學會如何去交涉，連自己也感到不可思議，在不知不覺中就成為自己的擅長領域。

將自己過去的經驗當中曾獲得他人讚美的小小成功發揚光大，這一點相當重要。而這一點與「平臺戰略」的構想相當接近，也就是**透過與他人結盟，獲得各領域的人所給的建議，藉此來強化自己的專長**。

接下來要介紹的是，為了「找到自己擅長領域、發揮長才」，我在此有系統地整理出任何人都能做得到的五大步驟：

【STEP1】勾勒出「未來自我的理想藍圖」

【STEP2】製作現在自己的履歷表

【STEP3】清楚瞭解自己的專長與興趣

【STEP4】歸納擅長領域，確定自己的方向

【STEP5-A～E】認清自己既有的擅長領域及狀況、付諸實行

找到自己擅長領域，發揮長才的五大步驟

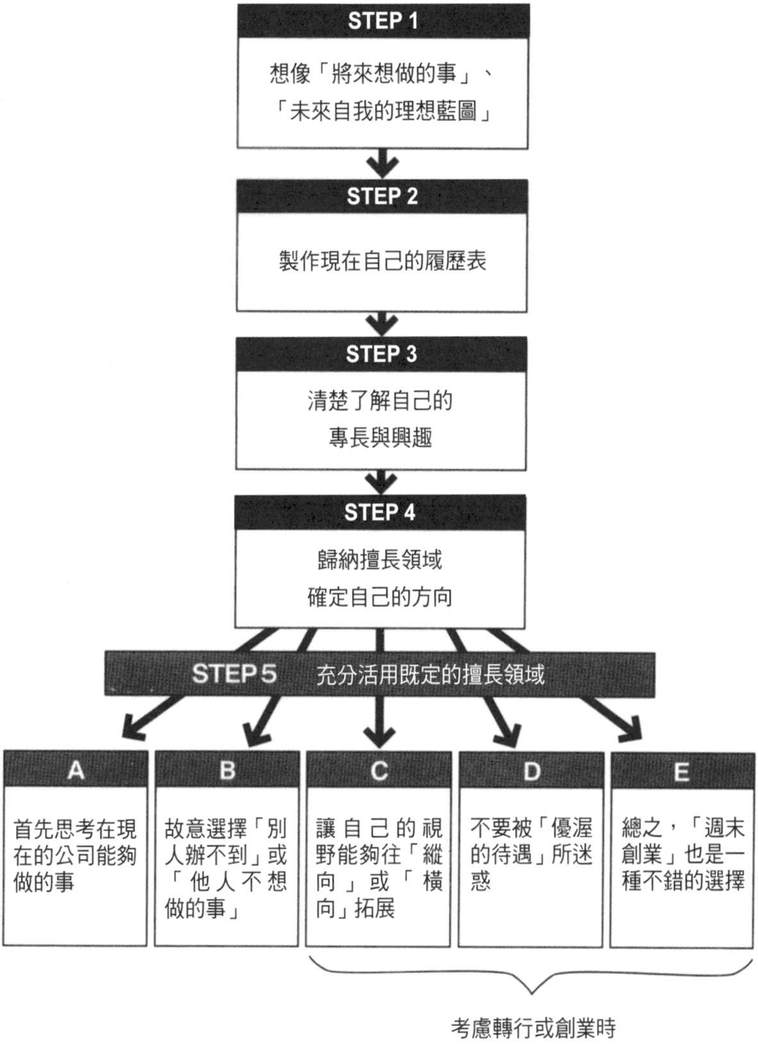
STEP 1
想像「將來想做的事」、「未來自我的理想藍圖」
STEP 2
製作現在自己的履歷表
STEP 3
清楚了解自己的專長與興趣
STEP 4
歸納擅長領域
確定自己的方向
STEP 5　充分活用既定的擅長領域
A
首先思考在現在的公司能夠做的事
B
故意選擇「別人辦不到」或「他人不想做的事」
C
讓自己的視野能夠往「縱向」或「橫向」拓展
D
不要被「優渥的待遇」所迷惑
E
總之，「週末創業」也是一種不錯的選擇
考慮轉行或創業時

【STEP1】～勾勒出「未來自我的理想藍圖」～

在尋找自己的擅長領域時，最重要的一點就是「自己真正想從事且喜歡的工作」。

首先在【STEP1】，試著勾勒出自己將來想從事的工作以及自我的理想藍圖，即使不夠具體也無所謂。根據我個人的經驗，一開始就勾勒出具體形象的人並不多。因此即使是抽象籠統也可以，不需要太顧慮自己，請先盡情地勾勒吧。

待勾勒出大概的藍圖後，接著就是讓藍圖稍微具體化。把夢想實現後的自己「做什麼工作」、「住在什麼樣的地方」、「周遭圍繞著什麼樣的人」等具體想想看。

其次，再進一步想像具體的工作。為了尋找自己真正想做且喜歡工作，請試著詢問自己下列兩個問題：

未來的夢想地圖（以我為例）

在大海與樹林環繞
氣候宜人的地方執筆寫作

教導年輕人有用的知識

與能坦誠相處的夥伴以及家人一起生活

自己所創造的東西能夠受到大家的喜愛
與使用，並獲得眾人的共鳴

◇成為億萬富翁後，不需努力工作也能不愁吃穿，即使如此，還是想要每天工作八小時以上的工作是什麼？

◇假設你被醫師宣告只剩下十年壽命，即使如此，你每天依然想要從事的工作是什麼？

你可以將想到的工作寫在筆記上，使用任何格式都可以，不過我最推薦的方法，就是製作「未來的夢想地圖」。

一般而言，在設計將來的自己時，最常想像自己的葬禮，即在葬禮上，你希望聽到何種悼辭。

與上述方法相同，即使在未來的地圖

上寫上赤裸裸、不敢給其他人看的內容也無妨。請丟掉包袱、面子等心中無謂的限制，隨心所欲地寫吧。

舉例來說，以我個人為例，我想像的是「自己住在大海與樹林環繞氣候宜人的地方，一邊執筆寫作，一邊教導年輕人有用的知識，同時與能坦誠相處的夥伴以及家人一起過著健康且充滿笑容的生活」。

同時也希望「一百年後，自己所創造的東西（手機電子錢包與著作等）能夠受到大家的喜愛與使用，並獲得眾人的共鳴」，這是我個人的夢想。更具體地說，「我希望盡量支援創投企業以及年輕人」。這麼一來就能清楚明白，在大學教書以及寫書就是我的理想。

【STEP2】～製作現在自己的履歷表～

想像自己未來的目標之後，在【STEP2】就來製作現在自己的履歷表。與其說是履歷表，倒不如稱為職務經歷書或許更貼切。不過這一節內容的主要目的，並非製作符合實際轉行所使用的職務經歷書，而在於發現擅長領域。

透過回顧過去所有的經歷，說不定會獲得意外的發現：「沒想到我這方面的工作經驗竟然這麼多。說不定這也算是我的擅長領域」、「原來我也從事過這方面的工作。難道這也算是我的擅長領域嗎」等。不需拘泥，你可以盡量舉出具體的經歷，像是「被他人讚美的事」、「自己很有成就感的事」、「雖然辛苦卻獲得回報的經驗」、「雖然艱難卻能越過難關的經驗」等。

我提供一個方法給各位做參考。

具體而言，即回顧自己從成為社會人的第一年起的經歷，在使用Excel製作的表格中依照年代分別填入從事的工作。

設定下列各項目後，只要一一詳細填寫，就能夠清楚瞭解自己一路走來的經歷。

◇「位於哪個部門？」

◇「從事哪些工作、期間多長？」

◇「建立多少實績？出現過失誤嗎？」

若不擅長使用Excel製作表格者，也可以使用心智圖（Mind Map®）來製作表格。

心智圖是由東尼·博贊所設計的思考工具，相信很多人都知道。所需工具只需要準備一張紙。在紙的正中央寫上核心關鍵字，然後將衍生出來的關鍵字以放射狀式的方式填寫在紙上。由於這種書寫架構與大腦的構造相當類似，因此自己的想法很容易反應在書面上，在彙整複雜的內容時尤其能發揮威力。

在運用心智圖時，先在正中央寫上「自己」，接著依照「A公司」↓「第一

製作現在自己的履歷表（Excel範本）

任職期間	服務公司	所屬部門・職務	工作內容與時間	業績	發生哪些失誤？
2001年4月～2003年6月	（株）〇〇資訊服務	製作部 設計團隊	製作不動產相關廣告物。主要負責使用用CAD與照片加工軟體進行版面設計（2年2個月）	製作數百件物件資訊的廣告。完成美觀的版面，頗受好評	時常出現搞錯尺寸、文章出現錯誤等粗心大意的疏忽，曾被告誡要再三小心
2003年7月～2005年10月	╳╳人力資源公司（株）	東京本部 協調人	擔任協調人，介紹派遣人員工作。亦負責派遣人員的面試與諮詢（1年8個月）。曾擔任過約一千位派遣人員的協調人，並負責每月30人，共計500位以上派遣員工的面試	平時將300位派遣人員分派到各企業	不小心將有問題的派遣人員分派出去，結果與客戶發生糾紛與契合的派遣人員交往過於頻繁，佔用太多時間，有一段時期對其他派遣人員疏於關心
		金澤營業所 業務	擔任業務員。主要負責加強與既有客戶之間的關係（使派遣人員能被續聘）。亦到負責處拜訪事業所，開拓新客戶（5個月間）	除了維繫與既有的50家客戶的交易之外，平均每個月開發3家新客戶	開始開發新客戶初期，沒有針對預定拜訪的企業之事業內容事先進行調查，便直接前去拜訪，結果造成對方不斷重申「本公司不需要！」
2005年10月～2007年9月	（株）□□不動產	船橋營業所 業務	負責新建・中古不動產的銷售	2006年下半期營業所內銷售冠軍（半年內成交10件案子）	花費太多時間與要求一堆不可能的條件的客戶交涉，結果大多徒勞無功
2007年10月～現在	（株）△△不動產NET-WORK	財產管理事業部	向不動產投資（FUND）等機構投資家販賣不動產。販售後，進行為提昇該物件生產率的相關支援	現在擁有3家客戶，管理15件物件。在這一波不景氣當中，物件的生產率平均超過90%，業績相當不錯	要記的東西實在太多，因此一直在工作，平均只睡2小時，結果在客戶公司昏倒，因此住院一星期

年」→「經手的工作」→「實際績效」等往下擴大。心智圖沒有固定的格式，因此請用自己覺得最清楚易懂的格式加以自由發揮。

如果使用這種方式仍然無法順利書寫履歷表者，或是希望「最好能附上心智圖」、「最好能稍微強制一點」者，也可以使用下列方式進行製作。

這是我自己也在使用的方式，也就是到網路上的求職網站登錄會員。在這類網站上，必須詳細填寫履歷表以及職務經歷書。實際登錄後，不僅會發現自己的經歷竟然出乎意料地多，同時也瞭解到**為了能夠填寫某些項目，今後應該要做哪些事**。

以我個人的情況為例，我在任職於DOCOMO時期，是生平第一次登錄求職網站並填寫個人履歷表。我在填寫履歷表時，腦中突然浮現一個疑問。當時，我正在構思並計畫DOCOMO的風險投資（Venture Capital）的企劃案，以及進行創投企業投資，這時才察覺到自己並無任職於創投企業的經驗。

站在投資者的角度來看，「應該這麼做」說起來雖然簡單，然而沒有實際嘗試過後是不會瞭解箇中困難的。就在這時我開始認真思考，如果真的想從事支援創投行業這一行的話，任職於創投企業將是一項寶貴的經驗。

這項經驗對我現在的工作非常有幫助。設身處地為對方著想並不是件容易的事，**因此沒有什麼事比得上自己的「親身經歷」**。

到現在，我仍繼續登錄求職網站（連企業顧問也覺得很不可思議地說：「明明已經是社長了，為什麼還要登錄求職網站呢？」）。

這是因為，透過登錄可以得知哪一種行業能夠符合時代所需的相關資訊。企業在推行新事業以及擴大業務之際，首先必須招募人才。因此不管自己是否有換工作的意願，**最好藉由書寫履歷表、登錄求職網站，即時確認自己是否仍具備市場價值**。

試著畫出心智圖（Mind Map®）

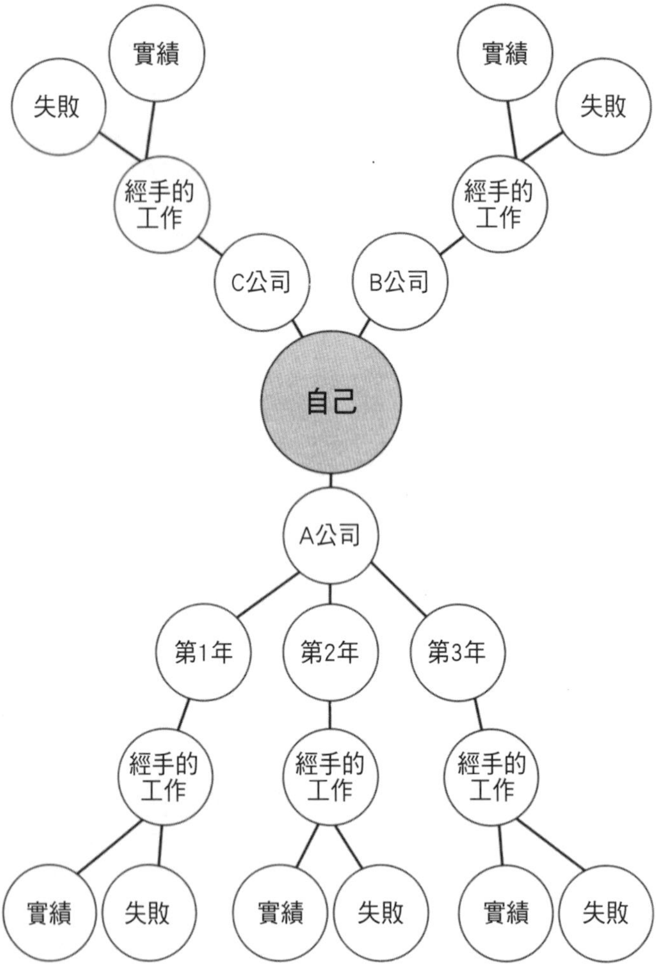

【STEP3】～清楚瞭解自己的專長與興趣～

完成現在自己的履歷表後，接下來就進入【STEP3】。即針對「專長」、「不擅長的事」、「喜歡的事」、「討厭的事」這四項認真思考，清楚瞭解自己的擅長領域。下面就來介紹這四大項目的重點。

◇針對「專長」與「不擅長的事」多層面地進行分析

在填寫「專長」與「不擅長的事」時，有一點必須牢記在心，就是不要只寫一句話就結束。

舉例來說，業務不能只寫「專長＝業務」一句話就了事。而是寫出如「在進行開發時，很快就能與初次見面的人混熟」、「能夠向客戶提出具體的提案」、「能夠提供數十幾家客戶無微不至的售後服務，減少客戶的抱怨」等。

此外，像印刷公司的業務，則可以寫出像「精通印刷方式以及紙張的知識」

等，但最重要的是進行細部的分析。

舉例來說從行業層面（例如：業務、人事、生產管理）、知識層面（例如：具備M&A相關實務知識、精通網路廣告的相關知識）、行動層面（例如：正確安排行程、擅長傾聽、能夠引導客戶提出問題）等，最好從多層面向進行解析。

這部分還有一點必須特別注意的，就是千萬不要太過謙虛。若是任職於業界銷售量落後的公司或是小型公司的話，容易讓人產生「根本比不上頂尖企業人才」的印象。

不過，既然是任職於小型公司，也就表示比起在大型企業，個人擁有更多機會從事範圍更多更廣的工作。這一點相當有利。既然你全力以赴地從事這份工作，就該對自己所擅長的領域充滿自信。

◇針對「喜歡的事」與「討厭的事」進行深入細微的分析

有關「喜歡的事」與「討厭的事」，最重要的就是進行深入細微的分析。

舉例來說，不要只寫「跑業務時，能拿到合約是最讓人高興的事」，應該認真思考**為什麼感到高興**。例如「我想達到業績標準」與「希望看到客戶高興的笑容」，這兩者所代表的意義截然不同。

就我個人而言，我喜歡「能夠發揮自己的點子與創造性的工作」以及「需要大量溝通的工作」。

而另一方面，我最討厭的就是「不需進行溝通的工作」。舉例來說，默默地按計算機、書寫文件等工作（我想一定會被人吐槽說「既然如此，當初就別進銀行上班嘛」）。另外，我也不喜歡「既定的事就依照既定的方式進行，例如例行公事」，可以的話我會盡量避免這類工作。

附帶說明的是，在清楚瞭解擅長領域之際，不要單就「專長」、「喜歡的事」等做正向思考，**同時也要思考「不擅長的事」、「討厭的事」、「不想做的事」等負向面。只要用消去法刪除之後，就能更明確瞭解自己所擅長的領域**。

你是否已經清楚瞭解自己擅長與不擅長的事呢？不過，如果只靠自己獨自思考的話，很容易遺漏不少事。

尤其是在「專長」這方面很難客觀分析，因此極有可能連自己也察覺不到。為了避免任何遺漏，我建議不妨可以詢問值得信賴朋友的意見。相信朋友一定能提出不少與自己不同的看法。

如果不好意思詢問朋友意見的話，那就試著回想「平常別人最常委託或詢問自己哪些事」也是一種不錯的辦法。

被他人委託工作，也就代表委託人認為「你這個人一定辦得到」、「你對這方面相當熟悉」。因此，這些方面一定就是你的強項。

【STEP4】～歸納自己擅長的領域，確定方向～

到【STEP3】為止的步驟中，我們已經大致清楚「自己正在思考哪些事」、「什麼是自己的強項」。

承接上一步驟，我們將基於深入分析過後產生的結果，篩選出自己必須精益求精的擅長領域，以確定自己努力的方向，這就是【STEP4】要做的事。

一開始就立刻找到【STEP4】的人雖然也很好，不過為了能夠及時發現自己遺漏的地方，最好還是依照【STEP1】～【STEP4】的階段一步一步地進行。

至於篩選擅長領域的主要原因，是因為如果「各個領域都要鑽研」的話，容易變得散漫，反而會造成在每一項領域上都半途而廢，因此最多篩選二～三項領域為佳。

接下來，請開始依照下列要點篩選出自己必須精益求精的擅長領域吧！

◇嘗試過濾「不想做的事」與「討厭的事」的事」開始歸納。

仔細想想，或許有人會覺得「自己在工作上找不到擅長領域」。特別是年輕人，這種傾向顯得特別強烈。這些人可以試著稍微降低難度，**先從「不想做的事」開始歸納。**

儘管是自己擅長的領域，也可能包括「不想做」與「不大喜歡」的事。在這種情況下，就不需勉強進行下去。可以直接從候補選項繼續看下去。

或許有人會認為「既然都做了這麼久，放棄不做真的很可惜」，可是與自己的志向不合、不想做且討厭的事，硬是勉強自己繼續做也不會長久。與其努力克服討厭、不擅長的事，倒不如以發展強項為優先，反而比較容易拓展擅長領域。

◇評估「是否具未來性」

要是擅長領域能像跑業務一樣，有共通的技巧就好了；不過在技術與知識等方面，也有可能無法供將來使用。若是擅長領域只能在日益衰退的部門、業界以及領域中運用的話，再怎麼珍貴的寶物也將無用武之地。

歸納自己的擅長領域

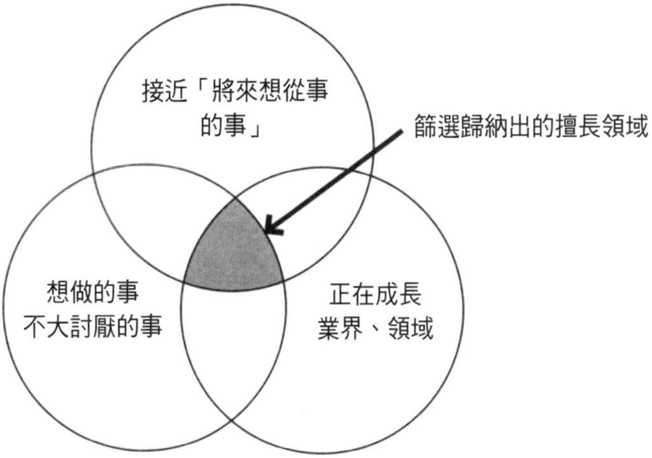

舉例來說，即使從現在開始學習製作唱針的技術，能夠活用該技術的機會只會愈來愈少。因此，必須評估「該技術以及知識是否具備未來性」。

若擅長領域屬於正在成長領域的技術與知識，則是再好不過了。因為這些技術與知識不易隨著時代潮流而遭埋沒。不僅如此，企業與人才都能持續成長，不易爆發不滿情緒。這部分請回顧第2章「藍海戰略」中所提到的急速成長的範例。

◇選擇接近「將來想從事的事」

如果藉由前面的步驟仍然無法篩選出擅長領域的話，可以試著想想「什麼是最接近自己將來想從事的事」。我認為，不管什麼事只要全力以赴，一定會與將來想從事的事有關聯，不過在速度上會有不同的差距。

下面我舉出一個範例，就是根據此一步驟來篩選擅長領域，提供給各位做參考。

「擁有不動產租賃方面的實務經驗。」
「擁有汽車銷售的實務經驗。」
「擁有針對法人與個人兩者的業務經驗，熟悉各種業務型態。」
「擅長藉由傾聽引導出對方的真心話。」
「能夠使用個人電腦進行簡單的廣告設計。」

假設某人具備上述擅長的領域，那麼他就可以進行下列的篩選：「汽車業可能缺乏未來性」、「雖然目前不動產業的景氣相當低迷，卻是不可或缺的產業」、「我喜歡與不特定的多數人碰面與聊天，比起從事設計，或許我更適合以成為專業業務員為目標」。

◇篩選出擅長領域後，持續磨練

根據上述基準進行篩選後，最後只剩下「鑽研」擅長領域了。為此，與其煩惱傷神，**首先最重要的就是「下定決心」**。

老是煩惱「我的天職究竟是什麼？」大多數人會一無所獲。這是因為**天職並不是靠自己去尋找，而是靠邂逅**。

也因此，只要自己下定決心即可，亦即只要認為自己是「交涉專家」就好了。雖然這種方式或許有點任性妄為，卻是我個人的親身經驗。

舉例來說，製作一張有別於工作專用的名片，在上面加上自己的宣傳介紹；一旦印好了「交涉專家」的名片，之後或許就會產生不可動搖的覺悟。

以標籤效果，使自己產生信心，事情通常會發展得不錯。**一旦對於自己下定決心認真決定的事，覺得很愚蠢的話，那一瞬間，遊戲就結束了**。

只要能夠更上一層樓，就能夠看到與過去完全不同的風景。這時，如果心裡覺得「還是有些不對」的話，最好再重新思考一遍。不過最重要的一點是，已經下定決心的事至少得堅持半年到一年左右。

總之已經下定決心的事，就要不斷地朝前邁進。自己的人生，只有自己才能夠掌握。

此外，這條路並非是條狹隘且無法回頭的羊腸小路；而是一條寬廣、能夠通往各種可能性的康莊大道。

【STEP5-A】~思考自己在公司目前能夠完成的事~

在以上四個階段中，我已經跟各位介紹過「先找出自己的擅長領域，歸納出方向後，持續磨練」。在下一個階段中，我將介紹幾項重點供各位做參考。

【STEP5】可分成A~E等五個項目。為了讓各位讀者能夠同時進行，我將A~E項目以並列的方式呈現。

首先是A項目，即「**在改變環境之前，請先思考在現在的公司能夠完成的事**」。

充分磨練自己的擅長領域之後，在邁入下一個階段之際，相信有不少人會將換工作與獨立創業等選擇列入考慮。不過，我希望各位能夠先暫時停下腳步，靜下來想想「現在的公司是否仍留有自己能夠完成的事」。

我希望各位能夠再次確認，**是否能夠將現在公司的品牌與人際關係這一平**

臺發揮到最極限。

舉例來說，你的擅長領域是跑業務，在業務實力堅強的公司當中，一定擁有不少位頂尖業務。若能一邊工作，一邊從「這個人為什麼這麼厲害」、「他是如何達到目標業績」等方面來觀察學習的話，我想沒有比這種方式來得更有效的學習方法了。

我之所以再三強調「首先，應該尋找在現在的公司能夠完成的事」，其實還有另一個原因。這一點，在最近的各大新聞媒體當中均曾經報導過。我自己在實踐經驗上也有很深刻的體會，最近有越來越多的人在初進公司的一～二年內，尚未有任何成果的情況下就辭職。

不過，當然也有例外情形。例如下面提到的惡質公司，不管薪資再怎麼優渥，也應該認真考慮換工作。

◇缺乏法規遵循意識以及為了賺錢不擇手段的公司

◇奉短期性利益至上主義為圭臬，無心培育職員的公司

◇沒有值得尊敬的人、無法使自己獲得成長的公司

這是因為長期待在上述公司的話，在不知不覺當中，你可能會逐漸喪失判斷「不對的事情就是不對」的感覺。**一旦對公司的不良理念習以為常，喪失正確判斷力的話，甚至會釀成無法挽回的局面**。

此外，俗話說「物以類聚」，此類不良的公司內往往會聚集同樣類型的人，正好與**優良的平臺會吸引優良的企業與人才形成反比**。

所謂的公司，並非只是單純為了工作賺錢的地方。我希望公司能夠成為**學習各項事物、讓自己不斷成長的場所**。

如果你的公司並不符合上述不良公司的條件，那麼至少要試著再努力三年吧。前一～二年只要在該公司好好工作，就能夠瞭解不少事情，然而大多只能瞭解該工作的表面部分。

如果在這種情況下辭職，最後大多無法在該公司學到任何有用的東西，往後也派不上用場。

我們應該貪心地學習能在該公司所能學習到的一切，充分利用公司才是。這麼一想，說不定就會發現不少自己從未察覺到的學習與經驗。

即使自認目前的工作「不適合自己」，只要好好努力獲得小小的成功的

經常換工作的A君與3年來認真工作的B君之間的差別

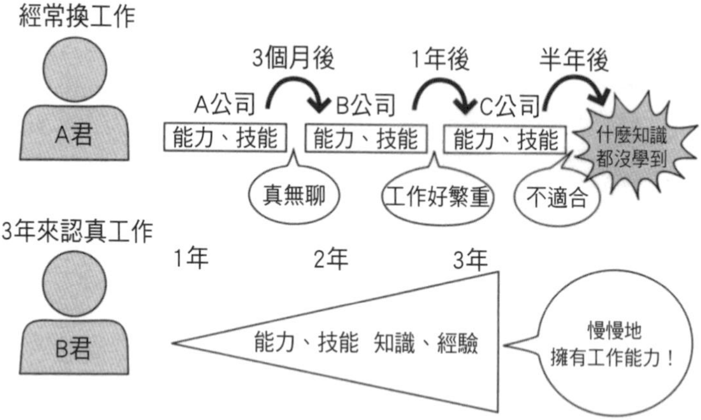

話，就會慢慢發現箇中的樂趣。天下沒有一開始就能成就一番大事業的人。

在這世界上，包括從事具劃時代性、創新性的事業與研究而大有成就的人，在剛開始都是先一點一滴地吸收這些理所當然的基礎常識，在此基礎下，才能夠開創新事物。

這是因為，必須先理解眼前的基礎之後，才能夠瞭解何謂具劃時代性、創新性的事物。

如能獲得小小的成功，就可以慢慢地提昇自己的評價。這麼一來，就能夠獲得稍大一點的機會。像這樣不斷地持續累積下來，原本覺得枯燥乏味的工作也會突然變得有趣起來，這種情況也相當常見。

我可以體會工作遇到不順利時，就想換個新環境的心情，然而為了進入下一個階段，首先必須要做的是在**現有的公司使自己發揮到極限**才是上上之策。

【STEP5-B】
～選擇「別人不想做的事」～

人人都不想從事的工作、不願意選擇的職業，往往隱藏著具備個人品牌力的原石。這一點，正是個人版「藍海戰略」的構想。因為只要選擇沒人走過的道路，就能夠提高獨特性。舉例來說，像是「大部分人不想從事的工作」。例如耗費體力與精神的工作、環境惡劣的下從事工作、平凡枯燥且不受歡迎的工作、或是嶄新領域的工作等。

此外，「一般人不會選擇的職業」也是，例如換工作後會降低年薪、從穩定的大企業換到不穩定的創投企業、調動到不受歡迎的部門等。事實上，在我任職於興銀的時期，我也曾待過人人避之唯恐不及的不良債權部門。老實說，那段時期每天都過得很憂鬱和痛苦。

不過在那之後，我周遭大部分成功換工作的人，都是曾經待過不良債權部門的人。因為在那裡不僅能學到相當寶貴的特殊技能，同時也學習到何謂經營的本質。當時，被視為明星般的工作其實根本學不到任何技能，這類傳聞時有耳聞。比方說，銀行對於優良企業的一般融資業務，任誰都辦得到。所以，**正因為沒有人知道、也沒有人辦得到的事，才具備學習技能的機會。**

我個人從興銀轉換到DOCOMO，以及從DOCOMO轉換到資訊科技創投企業之際，周遭的人這麼對我說：

「一直待在興銀不是很穩定嗎，為什麼要到DOCOMO去呢？」（當時DOCOMO雖然屬於NTT旗下企業，然而因為才剛成立不久，並非現在的大規模企業）

「為什麼你非得從DOCOMO轉換到不穩定的資訊科技創投企業去呢？」

不過，我卻因為特地選擇與他人不同的「繞遠路生涯規劃」，體會到沒有什麼比挑戰新環境更令人感到快樂的事。

人生只有一次，我想與更多不同的人相遇、經歷各種不同的體驗，藉此讓自己更精益求精。這麼一想，那些從事沒人想做工作的人，可說是充滿許多機會。**就算現在過得再辛苦，也要充滿自信，努力提昇工作能力。**

【STEP 5-C】～往「縱向」及「橫向」擴展自己的視野～

在前面的單元已經提到「先完成在現在的公司所能辦得到的事」，倘若你是待在前面所列出不宜久留公司的話，當然可以考慮換工作。

此外，在決定擅長領域之際，我也已經提到過「應看清該領域是否屬於成長領域」。這一點在換工作時也是一樣。

在考慮換工作之時，還有另一項重點。亦即「**讓自己的視野從現在自己所在的業界延伸出去，往『縱向』及『橫向』擴展**」。

例如在業界內的換工作，大多人不是轉到與目前東家同一規模的公司，就是選擇更優秀的公司，我卻認為換工作不需被前例所侷限。選擇不同行業的同一職種，或是從同一行業的上游轉往下游也是一種選擇。

舉例來說，任職於個人電腦廠商的人，也可以轉換到家電量販店服務。到了新公司時，可以以「個人電腦專家」之姿讓人對你另眼相看。

另一方面，下面所要介紹的是「橫向的例子」。這是我從專營事務機器販售的大型企業職員所聽到的，該公司的頂尖業務幾乎都是從生命保險公司或是證券公司過來的。只要具備頂尖銷售的技能，說得誇張一點，「不論車子也好，保險也罷，甚至連白蘿蔔也能賣」。當然，即使轉換到同一業界也仍然具有強項，即使到了不同的業界，任何職種也都有共通的技能。

假設你非常喜愛汽車，無論如何將來都想從事與汽車相關的銷售工作，那麼即使你現在任職於販售事務機器的公司擔任業務，也能在現在的公司磨練業務的共通強項——「頂尖銷售」。

倘若是在唱片公司從事著作權相關工作的話，那麼下一個工作也不一定要侷限在音樂界。從「縱向」來思考，可以選擇數位音樂傳輸公司等。而從「橫向」來思考，則可以「著作權專家」身分踏入出版業界或廣告業界等。

我在DOCOMO任職時期，由於前一份工作的經歷，一開始被分發到金融投資部門，之後才調到i-mode部門。正因為我希望有朝一日能夠從事行動電話商務，因而開始思考「**首先，我現在能為公司付出什麼**」。這也是我選擇「與其腦中浮現身在行動電話公司卻派不上用場的自己，倒不如將過去在銀行工作的

轉職時應將視野往「縱向」及「橫向」擴展

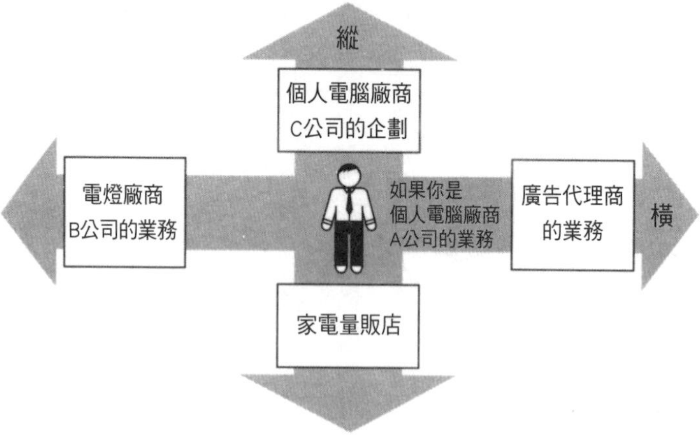

經驗當作武器，藉此獲得大家的肯定」。

我認為，對企業來說，今後為了能夠應對各種需求，招攬不同業種的人才也顯得愈來愈重要。

正因如此，即使你心目中理想的公司屬於其他業種，只要現在與你目前的工作有業務來往的職務正在招攬人才。我建議你要先求「進入公司」再求「受到肯定」，這才是不同業種轉換成功的捷徑。

而這時，最重要的一點就是如何充分展現自己的品牌力，例如「我是銷售專家」、「我是著作權專家」等。

【STEP 5-D】～不要被「優渥的待遇」所迷惑～

在考慮換工作時，還有另外一項重點，即「不要被薪資以及休假等優渥的待遇所迷惑」。

以前，我從興銀轉換到DOCOMO公司，事實上在當時，我被一家美商外資投資銀行所內定。這家投資銀行開給我的年薪條件，居然是我在興銀時的四倍；相較之下，DOCOMO所開的薪資，比我在興銀時的年薪還要少約三百萬日圓。

老實說，這兩家公司提供的待遇差別讓我感到相當迷惑。

不過，最後我還是選擇到DOCOMO。原因在於，我想「即使轉換到那家外資投資銀行，工作內容仍然與興銀時期大同小異」。

另一方面，我認為「如果到DOCOMO，一定能夠累積與過去截然不同的資訊科技領域的經驗。我想多瞭解這個未知的領域，只要能增加新的擅長領域，對於往後的發展一定能有所助益」。

如果當時我轉換到投資銀行的話，說不定我的命運就會截然不同，現在的我也許會成為一個億萬富翁。

但是，如此一來，我想我也不會有機會提出這個前所未有的「手機電子錢包」企劃案，並且成功地推廣與普及。同時也不會因為這個成功的企劃案，獲得在哈佛商學院教書，以及執筆寫書的機會吧！

人們在想選擇換工作這個選項時，往往會注意到「薪資高低」、「休假多寡」等待遇方面。如果被這些待遇條件所迷惑的話，很有可能會做出錯誤的選擇。因此，最好還是從「是否能夠成為在擅長領域中大為活躍、擁有獨特性的人才」的觀點，選擇前進的道路。

【STEP 5-E】～「週末創業」是一種選擇～

「為了充分運用擅長領域，實現自我的夢想，而決定獨立創業。」

在這五個項目當中，或許有人將獨立創業作為首要選擇。

我認為，想要充分活用擅長領域，同時安然度過現今這個艱困時代，獨立創業可說是最安全的選擇。這番話或許會讓不少人大感驚訝，不過就我過去的經驗而言，卻是不爭的事實。

諸如前面所述，這是個連大企業也會垮台的時代，企業垮台的風險取決於公司上層的決策。因此身為一個職員，很可能在某一天突然看到社長召開記者會，對於社長突然宣布「公司破產」感到一陣錯愕。

雖說是獨自創業，當然也不能斷定自己所經營的公司沒有破產的可能性。不過為了讓自己能夠時常觀察外在環境的變化，就必須親自判斷如何應對風險。

今後的時代，包括破產在內，我認為只有做好完備風險管理的企業與人才才能得以生存。從這層意義上來看，能夠自行進行風險管理的獨立創業是最安全的選擇。

然而，對於一個上班族來說，一開始就自行創業，難度的確相當高。若是要我給予有心創業者一些建議的話，我會建議他們「首先，不妨先從『週末創業』開始嘗試」。

舉例來說，如果想開設服飾店最好不要貿然獨立創業，可以一邊在公司上班，一邊利用週末時間採購服飾，放在網路上販售。近來，從事零售的批發商也開始增加，或是從國外進口小單位的貨源也是不錯的方法。

先在網路上試賣看看，觀察市場反應後再開始創業也不遲。同時，也可以藉由這次的挑戰，瞭解這份工作是否真的適合自己。

除此之外，還有其他適合「週末創業」的商務，例如使用網路的聯盟行銷、電子報、網拍、資訊商品等。

另外，「週末創業」還具備其他效果。透過「週末創業」，可以提昇目前自己的工作能力。我從五年前開始，開始經營不動產。這麼一來，不僅能夠提昇對不動產價格、市場行情變化、經濟動向等的關注力，對於本業的諮詢方面也相當有助益。

不過有一點必須特別注意，跟換工作一樣，千萬不能單以「能大賺一筆」做為選擇創業的基準，最重要的是**以「真正喜歡的事」以及「自己能充分瞭解實際情況」為選擇基準**。只要抱持著「這個世界上，根本沒有任何人都能大賺一筆的行業」的想法即可。

從東芝與富士通已經有限制地允許從事副業的潮流來看，在今後的時代，上班族從事「週末創業」也將成為理所當然的事。

如果還是相當迷惘的話，現在也有講授「週末創業」方法的學校，或是可以跟周遭的朋友一起討論。為此，首先必須先蒐集各種資訊。**與其在一旁煩惱，不如立即展開「行動」**。

第4章

培養掌握事物本質的「鑑別力」

掌握事物本質的「鑑別力」

「在廣告中給人的印象那麼好，沒想到進入公司後，才發現這家公司根本就是奉行利益至上主義。可以說現在已經掀起一股『為了賺錢不擇手段』的風潮。」

「明明在公司的官網上標榜『我們最重視員工』，實際上卻沒有提供任何員工教育課程，甚至還得義務加班。」

「原本以為這是家極富創業投資精神的企業，說得難聽一點，這只不過是家大型企業化、奉行本位主義的公司。」

「這是家『若員工離職的話，就會到他新的公司鬧事』的黑心企業。」

制定「自我成長」戰略時不可或缺的條件之一，就是能夠洞悉時代尖端的資訊、掌握事物本質的「鑑別力」。這是因為，如果缺乏鑑別力，很容易建立錯誤的自我品牌，或是不小心轉換到前面提到過的劣質公司去。

我在興銀與DOCOMO的工作現場，很榮幸有機會見識到眾多企業。在這一行讓我體認到一點，即「公司內部實際情況與社會形象相去甚遠的企業與業界實在非常多」。

各位是否也曾感覺到有不少公司的「實際情況與社會形象相去甚遠」呢？

我想，幾乎沒有人會覺得「現在所任職的業界或公司的形象，與進入公司之前沒有絲毫改變」。

其最主要原因，在於坊間所流傳的訊息內容。

我認為，訊息可以分成三種類型：

①真實的資訊
②虛假不實的訊息
③民意

我之前任職的公司，曾多次遭到某家全國性報紙登載未經求證的相關報導。

區分三種類型的資訊

報導的內容是幾乎所有員工都不知情的經營會議中所討論的事情，而且都是兩、三個月以前的會議資料。

結果，最後會議的內容當然有很大的變動，卻有不少人對於這種報導深信不疑。

即使是可信度相當高的報紙，也會發生上述事件。倘若對於社會上所流傳的諸多資訊照單全收的話，即有可能導致你的職場生涯朝著錯誤方向發展。

為預防這種悲劇發生，最重要的就是培養「鑑別力」，亦即培養「洞悉外人不瞭解的業界與公司的資訊、人的真實樣貌以及洞見未來的能力」。

為了明辨資訊，必須先區別該資訊屬

於前面三種類型中的哪一種類型。

鑑別力是日常工作上不可或缺的能力。舉例來說，任職於顧問公司或銀行的人若無法洞察顧客的經營狀況，就會遭到意想不到的損害。

我經手承辦的某家企業，就曾發生過「業務所開發的新客戶，卻在一星期後破產」的狀況。

在這個過去穩如泰山的大型企業也可能面臨垮台的時代，為避免使自己陷入危機，是否具有「鑑別力」，實在是重要至極。

可靠的資訊能藉由他人幫助取得，也能透過結盟獲得

既然如此，我們究竟該怎麼做才能夠提昇「鑑別力」呢？

平時多閱讀報章雜誌及書籍，透過上網累積豐富的知識，以自己的方式培養洞察力，這些當然也非常重要。不過，光靠一己之力所累積的知識畢竟相當有限。

判斷資訊的正確性最為有效的方法，就是「靠自己的雙眼實際確認」。最近，「現場主義」重新受到關注，是因為多數人還是覺得任何資訊還是非得親身確認不可的經驗法則所致。

然而，**就現實情況而言，憑藉自己的雙眼來確認一切所需資訊的確相當困難**。

當然，獲得資訊的途徑除了親自尋找之外，透過媒體或他人間接取得的資訊也佔了相當分量。

那麼我們該怎麼做才能讓這類間接取得的資訊轉變成值得信賴的資訊？最重要的一點，在於著重這些資訊的「訊息來源」。

不管在哪一個職場上，或多或少都會碰到「既然A都這麼說，應該錯不了」或是「B所說的是千真萬確嗎？」等情形。

若是值得信賴的媒體或人，就會提昇該訊息的可信度。倘若你正煩惱該資訊是否值得信賴，你可以針對該資訊尋找值得信賴的對象。

當你想要做出正確的判斷，向位於現場或最接近現場的人詢問「實際情況」，是最便捷的方法。

此外，若能從不同的角度針對不同的對象蒐集資料，就能做出更正確的判斷。**為了尋找接近資訊來源者以及從複數來源蒐集資料，最重要的就是平常就要先建立廣大的人脈。**

像這個時候，即可運用結盟。具體而言，即「**透過結盟與他人建立關係，建立聚集了可信度高的即時資訊的人脈平臺**」。同時，這也將成為提高鑑別力的捷徑。

事實上，我在轉換到DOCOMO之前，正是經由任職於DOCOMO的朋友所介紹，同時我也請教了不少人有關DOCOMO的評價。

也因此，我得出「這家公司雖然工作相當忙碌，卻充滿活力且相當有趣」的結論，而成為我決定進入DOCOMO最重要的關鍵。

提高「鑑別力」的人脈建立法

前面已經提過，為了提高「鑑別力」，必須建立聚集了資訊可信度高的人脈平臺。

然而，一提到「建立人脈」，有不少人會產生「巴結有地位者」、「必須貪得無厭」等負面印象。

此外，在建立人脈的各相關書籍當中，經常會提到下列須知。例如「最重要的就是經常保持聯絡」、「感謝函千萬不可少，最好能夠親筆書寫，在第二天就要寄達」、「不要膽怯，要形影不離地跟在大人物身邊」、「積極參加交流會」等等。

其實，我相當排斥這類書籍所提出的方式，從來不曾付諸實踐，但是我卻常被大家稱為「建立人脈高手」。對於目前仍躊躇、煩惱著想要建立人脈的人來說，或許我的建立人脈方式比較可行。

接下來，將為各位介紹建立聚集了資訊可信度高的人脈平臺的重點（本書

針對的是如何建立聚集了資訊可信度高的人脈做詳細介紹，有關「如何建立人脈」的詳細內容，在拙著《がんばらないで成果を出す37の法則~アライアンス人間関係術》（輕鬆展現成果的37項法則~結盟人際關係術，BUSINESS社）中亦有詳細介紹。

①單純將客戶視為生意往來對象來服務

透過喝酒或打高爾夫球來建立人脈，是屬於傳統的方法。我不打高爾夫球，也不喝酒。因為一旦需要建立人脈時，這類應酬就會沒完沒了，因此我向來秉持一個原則，即在工作時間內，為客戶做最完善的服務。

在諸如聚餐或高爾夫球場等遠離工作的場所，與客戶交流感情，是增進雙方相互瞭解的有效方法。透過這種方式，或許能夠獲得不少資訊。

可是，交流的主要目的並不是交朋友，而是建立聚集了資訊可信度高的人脈。即使沒有特地在私人時間進行交流，只要能在工作上全力以赴地替客戶服務，相信也一定能夠獲得良好的評價。

正因為如此，我經常會意識到，如何單就生意上讓雙方達到「雙贏局面」。所以在工作上與人交涉時，請先試想在工作上「客戶所期望的是什麼」、「自己能夠為客戶做些什麼」。

②增加工作上與形形色色的人接觸的機會

為了蒐集資訊，擁有廣大的人脈也就顯得相當重要。想要建立廣大的人脈，最重要的還是得多多與形形色色的人接觸。

當然，參加不同業種的交流會與演講雖然是好方法，然而漫無目的地參加的話就會失去其意義，因此不想參加的人也不需要勉強自己出席。在我二十幾歲時，幾乎沒有出席過這類聚會。到現在，雖然出席次數比以前稍有增加，可是對於人數眾多的派對與人潮擁擠的場所我仍然感到排斥，因此除非受到邀請否則一律不出席。

這是因為，我覺得不需出席聚會也能夠蒐集資訊，而且這樣做可以盡量多製造與他人會面的機會。舉例來說，與生意對象一起舉辦小型聚餐，透過朋友介紹對方友人的方式，也能夠增加與想認識的人會面的機會。

而在聚餐中所遇到「磁場相合」的人，或是想繼續深談的對象，就可以邀請他們參加人數為兩人至數人左右的小型聚餐。

實際參加小型聚會，並深入交談後，就可以逐漸從個人資訊發展為匯集資訊的人脈平臺。

③重視企圖心旺盛的人

出席交流會等場合時，常可以見到知名實力派人士被人群簇擁的景象。這是因為他們周圍聚集了一群「想認識對方」而交換名片的人。然而，想在交換名片的極短時間內與知名實力派人士建立人脈，根本是不可能的事。明知道這一點還與對方交換名片，總讓人心理有些不情願。

我最喜歡與之往來的對象，就是「**不出名也沒關係，重要的是企圖心旺盛的人**」。以演講來比喻的話，就是那種特地付費入場聆聽演講內容，而非衝著演講者名氣而來的人。現在就坐在你身旁的聽眾，極有可能成為你的「人脈寶藏」。

尤其是那些神采奕奕地講述自己的夢想、努力踏實的人，對他們我特別有好感。就我個人的經驗來看，這類型的人將來一定能成就一番事業。

事實上，至今我所結交的經濟界的大人物當中，有不少都是在他們尚未成名以前，甚至早在十年以前就認識的友人。因此，重點並非在於立即與知名人士或大人物建立人脈，**不考慮得失，與企圖心旺盛、上進心強的人建立穩固的人脈才是最重要**。

④重視磁場相合的人

雖然常言道「切勿以個人喜好判斷一個人」，不過對於「無論如何就是磁場不合」的人，我總是會盡量避開。

這是因為**若非與自己磁場相合的人，是無法建立信賴關係，也無法長期相處**。所謂磁場，用語言來解釋或許有些模糊不清，簡而言之即「意氣是否相投」。此外，「對方將來想走的方向是否與自己契合」也可當作判斷標準。

⑤不求回報，先從give開始做起

我從不急著在短期間內建立人脈，而是不急不徐地建立長期的信賴關係。

因此在具體行動方面，若想與對方拉近距離，**首先必須時常留意自己能夠給予對方哪些助益**。急著想在短期間內建立人脈的人，往往會只想從對方那裡獲得資訊而已。

有些人會認為自己「沒有能力給予」，但其實每個人都做得到。即使只是一些瑣碎的小事也無所謂。只要能掌握對方的需求，提供對方所需的資訊，或是介紹人才也未嘗不可。就讓我們從日常生活開始思考「自己能夠做什麼」吧！

⑥take以十年為期限來思考

常聽到「give & take」（施與受）這句話，我卻認為在建立人脈時「give,give,give & take」這句話能讓人脈建立更加順利。

至於take，則要抱持「**若十年後能夠得到收穫就好**」的心態。當我們給予對方一些好處時，總希望能夠立即得到回報，這是人之常情。

可是，當你表現出「我都為你付出這麼多了，你也應該給予我相同的回報」的態度時，那麼好不容易建立起的關係就會瞬間中斷。

因此，只要抱持著「反正得不到回報是稀鬆平常的事」這樣的心態，反而不會產生多餘的壓力，也不會勉強自己，不是比較自然嗎？

提高鑑定力的人脈建立方式

①單純地將客戶視為生意往來對象來服務
②增加工作上與形形色色的人接觸的機會
③重視企圖心旺盛的人
④重視磁場相合的人
⑤不求回報，先從give開始做起
⑥take以十年為期限來思考

變成「交流平臺」是建立人脈最有效的方法

為了提升鑑別力，最有效的建立人脈方法，就是讓自己成為「交流平臺」（platformer）。

所謂的交流平臺，指的是**「提供人與人會面場所的人」**。

在第2章中，已經為各位介紹過「平臺戰略」。「企業成為提供平臺的莊家，透過將此一平臺提供給各大企業使用，不僅可提高平臺本身的魅力，同時也可以聚集更多的顧客」，而交流平臺就是個人版的平臺戰略。

或許有些人會納悶：「為什麼這個人能夠認識形形色色的人呢」？這是因為這些人大多透過不同的方式成為交流平臺，並且相當地積極活動。

藉由自己開創展現魅力的場所，人脈就會在瞬間擴展開來。例如讀書會以及不同業界交流會的主辦者，就是最好的例子。

或許你不禁會懷疑「自己也能夠成為交流平臺嗎？」事實上，目前有不少一般上班族以及年輕人已經付諸實踐。

舉例來說，透過招募人才開始著手美容相關事業企劃的千葉智之先生，就是最好的例子。千葉先生自二〇〇六年起，開始於SNS「GREE」中舉辦不同業界交流會。

不僅如此，千葉先生甚至邀請參加交流會者，每週舉辦一次名為「Power Lunch」的午餐聚會，並每隔三個月舉辦一次名為「Power Dinner」的活動。

這種平臺匯集了極高的人氣，使得千葉先生的人脈在短期內大增。Power Dinner甚至發展為一次可聚集數百人的大規模活動，不過數年的時間，便建立了多達三千人之多的交友平臺。在二〇〇八年，千葉先生還出版其著作《出逢いの大学》（交流大學），也成為暢銷書。

其他如人氣書評部落格「鹿田尚樹的『開卷有益【商業書籍Michelin】』」的站長鹿田尚樹先生，也是藉由成為交流平臺建立諸多人脈。

鹿田先生年紀輕輕，不到三十歲便閱讀諸多商業書籍，充分運用其累積的豐富知識架設商業書籍書評的部落格。

此外，他也發布內容豐富的商業書評，其內容水準之高深受肯定。感到榮幸的是，據說鹿田先生很偶然地在去年的生日當天，閱讀拙著《1の力を10倍に

する アライアンス仕事術》後，自己也決定建立平臺。

現在，暢銷商業書籍的作者甚至與知名書評部落客攜手合作，合辦研討會以及派對，相當受到歡迎。

這種方法，即「藉由開創聚集人群，展現魅力的場所，不僅能使個人得以蒐集資訊，同時也能提高判斷資訊的鑑別力，透過獲得優質資訊，提供更具魅力的場所」，如此即可產生良性循環。

「商業仲介」為立即建立人脈的平臺

參加者眾多的人脈平臺，一旦開始啟動，就要時常更新、維持並持續有新發展。但也因此，為了維持良好品質，就必須花費心血、努力以及耐心維持平臺的品質等。

聽到上述情形，或許有人會覺得參加者眾多的平台「難度實在太高，單憑一己之力根本無法建立」。對於這些人，我建議最好先以成為「商業仲介」為目標。

也就是那種「如果讓這兩個人會面後，說不定對彼此都有助益」的「商業仲介」，其任務就是負責從中引見商業人士、企業家。

換句話說，就是扮演催化劑（促進組織或團隊產生化學反應的觸媒）的角色。這也是屬於一種平臺。

比起創立一個平臺，「商業仲介」最大的優點在於可立即實行。首先你要觀察交易客戶與周遭的友人，評估「如果讓這兩人一同合作會如何？」然後藉

「商業仲介」就是小型的平臺

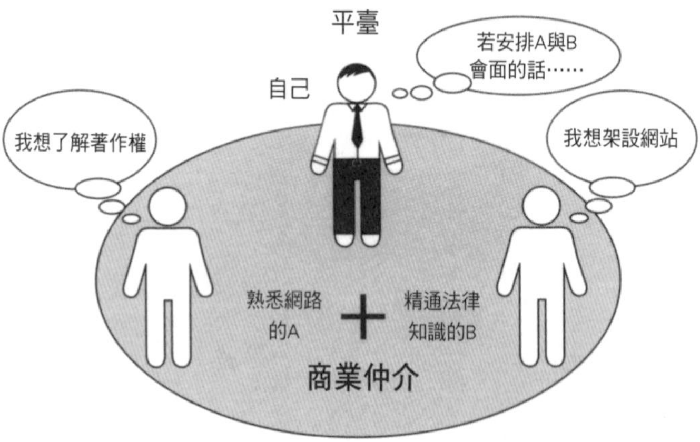

由共進午餐等機會引見雙方認識。這麼一來，就能從今天開始付諸行動。

只要在日常生活中持之以恆，有一天說不定對方會對你說「這次，我想介紹一位朋友給你認識」能獲得對方引見的機會。

用這種方式所建立的人脈，一定能夠提供你所需可信度高的資訊。因此最重要的，就是不急不徐地建立穩固的信賴關係。

附帶一提的是，我的「商業仲介」經驗之一，就是為以前興銀時代的後輩以及現為樂天公司社長的三木谷先生與Monex證券的松本社長安排見面的機會。

看到這裡，或許有讀者會有所誤解，

認為表面上為「商業仲介」，結果還不是得奉承大人物來獲得引見的機會。其實在當時，樂天公司尚未上市，而Monex證券也尚未誕生。

如今這兩位已成為日本最具代表性的企業經營者，當時擔任「商業仲介」的我，還只是個充滿熱情的創投企業經營者。

現在，我能夠建構如此廣大的人脈，最主要的原因就是之前持續擔任「商業仲介」，促成上述企圖心旺盛者的合作。

培養「資訊分析力」的三種習慣

假設我們已經藉由前面所介紹過的方法提昇鑑別力，同時也建立可獲得資訊可信度高的人脈。不過為了鍛鍊鑑別力，光是這樣做還不夠。

不管再怎麼客觀公正的人，在接收資訊時，多少也會參雜些許主觀意識。舉例來說，從客觀公正的人的眼中看到的是「活力十足、持續成長」的公司；然而從他人的角度來看，卻可能是「工作量相當繁重，不禁令人懷疑公司是否關心職員的心理健康」。也就是說，即便是值得信賴的人所提供的資訊，也有可能參雜些許的主觀意識。

所以最後還是必須「鍛鍊自身的資訊分析力」。既然如此，我們該怎麼鍛鍊資訊分析力呢？

◇輸入公開資訊（Public Information）掌握整體概況

首先，我自己曾實踐過的，就是閱讀公開資訊（對一般大眾公開的資訊來源）來充實基本知識。

或許各位很期待我會介紹相當驚人的方法，不過這種方法卻是基本中的基本。就連擔任企業顧問者，也是從閱讀數本關於客戶所屬業界的相關書籍，將基本知識輸入腦中開始的。

如果想要瞭解該業界的實際情況，可以閱讀網羅該業界相關知識的專業書籍。舉例來說，可以閱讀諸如《会社四季報》（公司四季報，東洋經濟社）以及「業界地圖」等彙整各種業界概況的書籍，或是就業用書籍等，藉以掌握整體狀況。

只要搜尋特定的公司，瀏覽該公司網站的所有內容，就可以掌握該公司的文化與老闆的經營理念。可以的話，有關股價的曲線、時價總額、分析師報告、網路公布欄等資訊最好也能看一下。

仔細閱讀這些資訊來源，或許會造成偏見，甚至出現錯誤，但卻是充實基本知識、掌握概況的最短捷徑。

培養資訊分析力

◇養成輸入資訊時先問「why？」的習慣

蒐集完公開資訊之後，接著就是輸入從他人所獲得的資訊以及媒體資訊。在聽他人講話時，或是閱讀書報雜誌時，一定要養成時常思考「這項資訊是準確無誤的嗎」、「這種看法行得通嗎」的習慣。這種習慣不僅能提高鑑別力，而且相當有效。

不過有一點千萬要注意的是，並非對任何事都抱持懷疑的態度，而是透過對自己丟出問號，以充分檢視自己的觀點。

有一點要補充說明的是，在豐田汽車公司內也常使用先問「why？」的觀念。所謂「豐田的5W」，並非一般常說的

5W1H中的5W，而是「why?·why?·why?·why?·why?」，亦即「重複問五次『為什麼』」。

只要養成先問「why?」的習慣，即便面對眾所皆知的常識，也能夠察覺到其中隱含「有些不對勁」之處。如同豐田汽車一樣，許多改善的契機正是由此萌芽而生。

◇增加實戰經驗

接著，**最後一項重點就是增加實戰經驗**。先吸收基本資訊，並向許多人打聽相關訊息，一開始時先問「why」，然後再判斷該項資訊。隨著此一過程進行次數的累積，就能提高鑑別力。

然而，雖說次數的累積相當重要，不過光是與同一人物會面並不能算是增加實戰經驗。

要透過與不同職業以及不同年齡層等，這些平常不太接觸過的人們進行交流，就能使自己有接觸各種價值觀的機會。

隨著全球化與無國界化，今後在你的公司內不僅會有年齡差距極大的職員，就算身旁坐著外國人也不足為奇。

到那個時候，即使與對方交談後仍然無法理解其價值觀，至少也能夠接納對方的看法。**藉由接納各個不同的價值觀，不僅能夠提升你的理解力，隨著經驗的累積也能夠提昇掌握本質的經驗值。**

透過「他人行銷」找到新觀點

不論是就「自我成長」戰略的意義而言，還是就培養鑑別力的意義而言，我個人都非常推薦「他人行銷」。

有一個詞叫做「守破離」。這個詞的意思主要是用來指示研究茶道與武道等學問時的順序。在最初的階段，必須先完全遵照並吸收老師的教誨，再轉化為自己的東西（＝守）；學會之後，再以自己的方式實踐老師的教誨（＝破）；到了最後階段，才能離開老師，走出自己的道路（＝離）。

為什麼根據「守破離」原則就能學會鑑別力呢？簡單來說，就是把優秀人才（他人）的觀點轉化為自己的東西。這也是一種結盟的概念。具體方法如下，先去尋找想效法的對象，然後研究他的人生觀並充分吸收；接著，以自己的方式付諸實踐；最後才發展出自己的獨創性。

而尋找「效法對象」的方法，就是透過「他人行銷」。這個效法對象，可以是歷史上的偉人，不過最容易效法學習的對象，就是自己認定相當優秀的企業家。因為企業家們與自己生活在同一時代，比較容易參考學習，而且將來也比較有可能就近請教。

首先，在你找到心目中理想的效法對象後，請先詳細的調查。例如在網路上輸入該名人物的大名進行搜索，如果有部落格的話，則可以瀏覽其內容。

如果有相關訪談報導或著作的話，也要詳加閱讀；如果有舉辦演講會，也可出席參加，自己實際親自去確認。這麼一來，就能夠瞭解**自己深受該對象的哪一點吸引，以及對方用何種觀點看待事物**。

此外，除了調查資料、聽演講會外，如果有機會直接接近效法對象的話，說不定會獲得改變人生的寶貴經驗。或許有人會認為「這麼做會不會過於大膽」、「這種舉動會不會惹人厭」，其實這正是所謂的先下手為強。

有不少一流的企業家也是這樣向他人請教，進而成長，因此他們大多會對想效法自己的人毫不保留地分享其成功秘訣。

此外，儘管實際會面並不容易，不過現在的網路相當發達，有不少人擁有自己的部落格，因此寄送電子郵件也不失為一種好方法。不妨抱著「反正不可能，當然不可能會回信」的心態試著將信寄出看看。

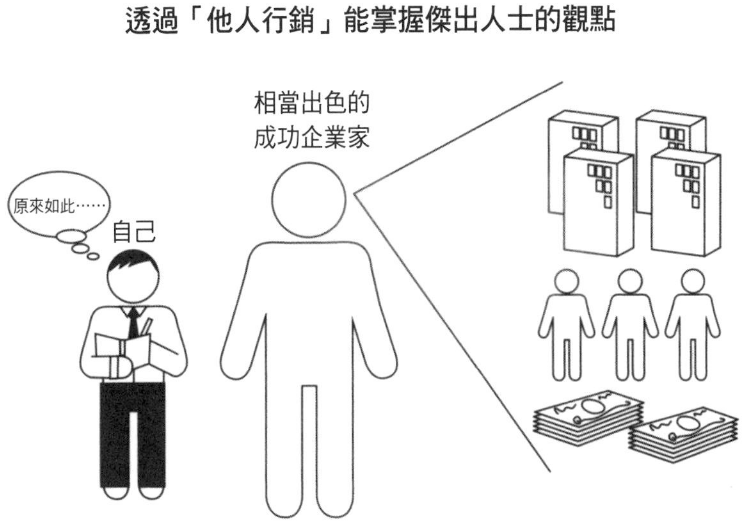

事實上，我自己在閱讀書報雜誌時，如果發現自己欣賞的人物時，儘管與對方素未謀面，我也曾毫不猶豫地多次寄送電子郵件。透過向傑出人士學習，一定能夠早日與鑑別力日益精進的自我相遇。

「鑑別力」實踐篇
～看透「公司真面目」的要點～

接下來要談的是，在日常生活當中，我是如何運用鑑別力從哪一種觀點洞悉公司的真面目與社會的潮流呢？下面我將以「分辨有風險性公司的方法」的重點為例，提供各位做參考。

近來，經常爆發類似的案例：明明在上一年度公司營運尚有大量的盈餘，沒想到卻突然宣告破產。此外，突然被取消內定、或是才剛換工作不久即遭逢公司破產的悲慘遭遇者更是不在少數。

不過，諸如上述的公司一定會出現破產的徵兆。事實上，幾乎所有的案例都是從業績良好的時期開始出現破產的徵兆。為避免遭遇失敗的體驗，最好能熟記如何分辨自己公司以及交易公司危險度的重點。

主要的參考資料，即記載資產負債表、現金流量表的「財務報表」。一題提到「財務報表」，或許有不少人會突然變得對數字相當感冒。但其實，我們並不需要熟讀表格上的所有內容。你只需要注意下列幾項重點即可。

◇銷售額突然提昇

雖說銷售額突然提昇，然而這是否真正代表大幅成長，則不可一概而論。舉例來說，突然推出暢銷商品的公司。由於認定「這是個好機會」而不斷增產，結果卻突然滯銷，變成大量不良庫存，這類案例相當常見。因此，必須仔細分析造成銷售額突然提昇的原因。

◇營業現金流量呈現負值

看完現金流量表後，必須確認營業現金流量是否呈現負值。所謂現金流量表，亦即顯示企業資金動向的報告；至於營業現金流量，則是指顯示本業的營業活動之資金動向的報告。若出現負值的話，就表示本業無法成立。這樣的公司藉由即時籌措資金等手段，雖然能讓公司得以延續，然而破產機率卻相當高，必須特別注意。

從各項財務表格上的數字看穿「公司的真面目」

為何銷售額會急速提昇？

	第13期（03年）	第14期（04年）	第15期（05年）	第16期（06年）	第17期（07年）	第18期（08年）
銷售額（百萬圓）	32,514	51,363	57,033	64,349	180,543	243,685
營業利益（百萬圓）	2,414	5,606	10,506	12,025	61,271	69,636
經常利益（百萬圓）	3,438	4,812	9,479	10,677	56,398	69,677
稅後淨利（百萬圓）	1,903	2,670	6,455	7,868	30,039	31,127
每股盈餘（EPS）（日圓）	112.67	158.56	170.89	37.70	133.90	138.29
股東權益報酬率（ROE）（%）	14.2	17.2	24.8	15.4	38.6	31.3
總資產報酬率（ROA）（%）	5.7	7.6	10.1	6.6	17.5	11.8
平均利潤率（%）	10.6	9.4	16.6	16.6	31.2	25.3

總資產（%）	60,792	66,598	120,550	202,990	443,304	602,566
純資產（%）	14,349	16,685	35,455	66,638	103,111	131,517
每股淨資產（BPS）（日圓）	858.77	1,013.73	881.22	297.83	394.95	489.54
自有資產比率（日圓）	23.6	25.1	29.4	32.8	20.0	18.3

營業活動現金流量（百萬日圓）	3,012	△251	△24,995	△32,991	△55,033	△100,019
投資活動現金流量（百萬圓）	919	△1,203	△6,603	△1,078	△9,063	△11,100
財務活動現金流量（百萬日圓）	811	△2,693	40,233	43,043	83,210	89,212
現金及等同現金物之期末餘額（百萬日圓）	12,123	7,974	16,736	21,882	59,973	41,989

各年度3月份

若營業現金流量呈現負值就代表相當危險！

◇調查ＣＤＳ指數

自從雷曼兄弟破產以來，「ＣＤＳ指數」成為備受矚目的一種指標。所謂「ＣＤＳ指數」即「信用違約交換指數」（Credit default swap）。這一節的內容主要目的在介紹重點，所以在此不做詳細的解釋。

簡單來說，「ＣＤＳ指數」是指「根據企業是否破產來決定利益的衍生性金融商品」。當ＣＤＳ指數為0.01時，即表示該企業在一年內破產的可能性為1％。不過話雖如此，此一指數只發生在ＣＤＳ市場，並不表示絕對正確，最好將ＣＤＳ指數視為一種僅供參考的指標。J-CDS（東京金融交易所）的網站上（http://www.j-cds.com/jp/index.html）有公布部分企業的ＣＤＳ指數，可供參考。

◇信用評等

根據維基百科的解釋，所謂「信用評等機關」，是指「受到發行體的委託，進行與經營陣容面談、財務分析以及業界分析等，以該發行體本身的信用品質為一定基準，以『Ａａａ』、『ＡＡＡ』等字母給予評等。這種以

『Aaa』、『AAA』等評等方式，稱之為信用評等」。

信用評等是一種可當作評估企業信用風險的主要判斷材料。次級貸款原本是提供信用評等極低者的風險性貸款，不過最近卻與證券化商品結合，並透過與其他貸款的組合，而頓時成為評等極高的商品，因而有愈來愈多人對信用評等的可信度產生疑問。因此，最好將信用評等當作一種參考數值來看就好。

◇掌握成長領域以及業界所需人才的資訊

為了分辨出有風險性公司，反而必須時常瀏覽「有氣勢的公司與業界」，這一點也相當重要。

在現代的商業場合上，只要透過瞭解目前市場上的人力需求狀況，即可掌握成長領域與業界的情況。我非常推薦以定點觀測方式觀察求才廣告。建議你，不妨翻閱刊登大量求才廣告的週日報紙，或是登錄多數家求職資訊網站。「最近哪一方面人才的需求增加」、「哪一領域的市場正在蓬勃發展」，只要每週瀏覽相關資訊，就能夠掌握求才市場的概況。

此外，諸如環保、銀髮族產業、不易受到不景氣影響的企業（例如專賣高品質、低單價商品的企業、擁有獨創性商品的企業、經營長達十年以上的網路企業）等，我們應可預期這些企業今後的市場將會擴大。

綜合上述，根據各種指標做綜合性判斷，即可得到高準確度的資訊。這部分也可以公開資訊為基礎，一開始先問「why」，然後向其他人詢問相關消息，待蒐集到大量資訊後就能做深入的判斷。

看似繞遠路，實則抄捷徑——看透事物本質的「培養感性法」

最後要介紹的是鍛鍊「鑑別力」的捷徑。

這裡指的也就是培養審美眼光（鑑別美醜的能力）。例如極致的藝術、優美的音樂、美味的料理等。藉由多接觸優質、美好的事物，來培養認識真品與**一流物品的能力**。

乍看之下，培養審美眼光似乎與鑑別社會、公司及人才完全是兩回事。的確，即使擁有審美眼光，也並不等於擁有看透一切事物的魔法。

然而，審美眼光也不是一朝一夕就能夠培養、磨練得出來。如同學習技術一樣，沒有所謂的「時間」、「方法」、「程度」的基準與指標，或許會讓人覺得是在繞遠路。

不過，**藉由審美眼光的培養，就能掌握撼動人心事物的共通感覺，同時也能察覺到真品所沒有的做作感**。這是因為有審美眼光的人才能感受到那種歷史悠久、經過無數人的鑑別、歷經淘汰後所留下來的物品其獨特且難以言語的「特殊感覺」。

這種審美眼光，正是鑑別力的泉源。只要不斷累積經驗，就能將看穿自然與事物本質的感性磨得更為敏銳。

前面所介紹的如何提高鑑別力之技術與戰略固然重要，若能再加上能看透本質的審美眼光所培養的感性，就能擁有更逼近真實的鑑別力。太過偏重技術面、過於重視戰略，或者過分依賴感性，這些都不正確。唯有從多方角度切入，才能客觀且公正地看清事實。

除此之外，依照上述方法所鍛鍊的鑑別力不僅能夠看清公司、人才，以及目前所發生的情況，同時還能預測不透明時代的趨勢，成為思考下一步行動的力量。

第5章

從半徑3m內開始的自我行動

表現自己、得到他人的評價後，才能彰顯自己的價值

所謂「結盟版『自我成長』戰略」是什麼戰略？我們又該如何實踐「戰略性·繞遠路生涯規劃」呢？讀到這裡，相信各位已經大致瞭解實踐的方法了。

我們再複習一遍。所謂「結盟版『自我成長』戰略」，就是「獲得周遭人的長期信賴，藉由周遭人的力量讓自己獲得成長」的戰略。為了落實這一戰略，只要確實實踐「找出自己的擅長領域，加以磨練，並以擁有兩種以上的擅長領域為目標」，以及「經常對外發出訊息，告知他人自己將來的理想與喜歡的事物，以建立人脈」這兩點，不知不覺中你就會發現自己已經達成目標。這幾點在前文當中都有詳細的說明。

另外，還有一點相當重要，就是為了贏得周遭人的信賴，**「必須清楚地讓他人看見你的才能，一旦獲得評價，才能彰顯自己的價值」**。

不論你再怎麼鑽研擅長領域，光磨練專長也只是白作工。你必須昭告周遭

人自己所擁有的專長，並盡力做出貢獻。這就是藉由表現自己，使自己成為他人評價的對象，**而後才能彰顯出個人價值**。

這一章所要談的是前面四章的【實踐篇】，我將以自身經驗向各位介紹，獲得他人信賴的具體行動方法。

從下面的內容開始，我所介紹的方法，**全都是從今天起即可著手實行的方法**。如果各位讀到一半想試著實踐的話，請放下手上的書本並立即展開行動。這是因為「讀完後立即行動」，將能使本書的功效提昇數倍。

讓個人標語能夠通行無阻

「只有A能夠勝任與中國企業的交涉工作。」

「一提到銀行相關企劃方面，B可是專家。」

「C可是本公司裡最擅長處理難搞的顧客的客訴的唯一人選。」

像這樣，擁有具體的強項，建立鮮明形象的人，較容易得到適任的工作。

換句話說，**只要擁有眾所公認的個人標語，即使不靠公司名片，也能夠成為通行無阻的上班族。**

我在DOCOMO時代的下屬A，正是一個擁有個人標語的人才。因為A是「公司內對手機電子錢包的技術瞭若職掌的人」，因此成為在公司內外相當出名的人才，甚至連隔壁部門也跑來詢問：「可不可以借用一下你們部門的A？」

附帶一提的是，至今我仍以「手機電子錢包先生」的專屬標語廣為業界人士所認知，不過在興銀時代，我卻是以「悉知不良債權相關法務」、「能夠順利搞定遲遲沒有進展的交涉事務」而廣為整個部門所熟知。

之後，我的個人標語逐漸傳開到其他部門，還曾接獲隔壁部門的委託：「你能否幫忙處理這一起中國不良債權的案件？」久而久之也就演變成接受整個公司的委託了。到了DOCOMO之後，不知是禍還是福，我曾被委派去與美國企業的合營公司交涉解散事宜。

我們回到正題，究竟該怎麼做才能擁有個人標語？其實，這一點與充分磨練擅長領域有相當密切的關係。

或許有不少人這麼認為，「我的專長還不到足以掛齒的程度，因此想默默地繼續磨練，希望在一年後能夠向周遭人宣佈這是我的擅長領域」。然而這麼一來就會少了急迫感，無法將自己逼到極限，這樣將很難培養實力。

所以，**必須毅然地確定決定個人標語，向旁人宣告「我想成為這樣的人！」**從現在開始，就向周遭人宣告「我想成為『對〇〇方面如數家珍的專家』，因此正在努力學習～」吧。

在這過程當中多少會感到不安，「萬一中途就遭遇挫折該如何是好？」既然已經做出宣言了，就該將那些不安的想法丟到一旁。

一旦宣告個人標語後，接下來就只能勇往直前！

有不少人害怕自己言而不行，一旦真的行不通，只要改變努力的方向就好。況且，**即使你改變宣言內容，出乎意料的是，大部分人一點也不會放在心上。**

所謂標語，是用乘法來歸納主題

「熟知自然能源領域的系統工程師。」

「能操一口流利阿拉伯語的廣告人。」

「悉知金字塔頂端市場的高級進口車業務。」

能夠成為個人標語點子來源的，就是在第3章所介紹過的「擅長領域」。而**要找出訴求力高的個人標語的訣竅，就在於「用乘法來歸納主題」**。

舉例來說，比起「雜貨專家」，結合多項要素、凸顯特長的「英國製廚房雜貨專家」一詞，反而擁有更高的獨特性。

此外，能夠讓人一目瞭然、立即瞭解自己的特性也相當重要。舉例來說，如果個人標語為「使用科學方法擬定超強的廣告戰略的業務企劃」反而會讓人一頭霧水，搞不清楚重點在哪裡？因此倒不如使用「資深的家電廣告業務專家」的標語。**最好使用大眾容易理解、直接有力、能傳遞人心的詞彙**。

而在前面一項也已經提過，向眾人宣告個人標語的最大優點，在於為了讓自己能夠符合個人標語所述求的內容，就必須努力行動。例如向大家宣告自己「悉知各種自然能源」的話，就必須針對風力發電、太陽能發電、生物能發電等各種自然能源以及國內外的普及狀況、課題等做詳細調查。倘若要宣告自己「能操一口流利的阿拉伯語」的話，就必須學習阿拉伯語。如果要宣告自己「熟悉金字塔頂端市場」的話，就必須定點觀測各種資料，瞭解最新的話題。

一開始可將目標設定為半年期間，專心仔細地行動。這段期間，身邊可能會有不少人前來詢問你「這是怎麼一回事？」

長期累積，就會愈來愈靠近自己的擅長領域。這麼一來，或許也會發現「原來對這方面的知識我還不夠熟悉」。為了能夠對答如流，就會更加努力學習。如此，學習的循環就會形成。這也是一種結盟的概念。

只要不斷重複此一循環，你就會離擅長領域的專家愈來愈近。倘若仍沒有驚人的成效出現，**只要集中在一定期間內挑戰某樣事物，一定可以擴展自己的可能性，找出關聯性**。

舉例來說，假設你專攻商法方面，即使不能立刻當上律師，也能在轉換工作到顧問公司、參加稅務士考試等過程當中，擴展各種前所未有的可能性。

標語是用乘法來歸納主題

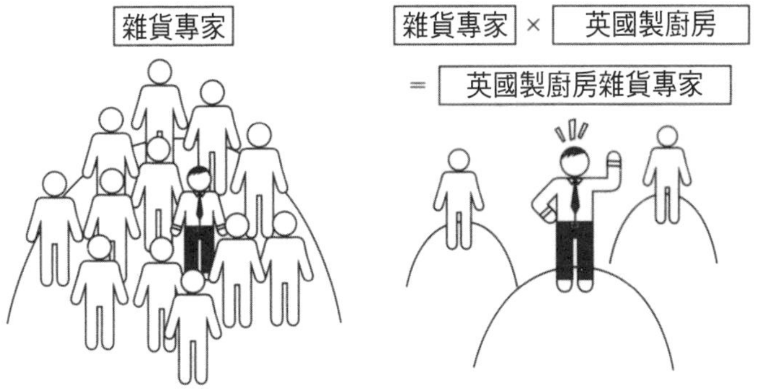

擁有許多競爭對手　　凸顯特長成為自己的個人標語！

透過持續學習並為周遭人做出貢獻，別人對你的看法也會產生一百八十度的轉變。

附帶一提，在我任職於興銀時期，有位常務董事，他在五十歲以後因「喜歡中國」而開始挑戰學習中文，二到三年後他的中文變得相當流利。另一個例子，是將麥當勞公司拓展為世界性連鎖店的知名企業家雷．克羅克（Ray Kroc），他開始推展加盟連鎖活動時，是在五十二歲的時候。

天下無難事，只怕有心人。只要跨出第一步，一切就宣告開始。**學習是沒有時限的，最重要的是能否在「我想學習」時付諸實行。**

以簡潔明瞭的方式自我介紹──「用三行短文做自我介紹」

「○○先生，您從事的是什麼工作？」

與公司內其他部門的職員，或是與公司外部人士會面時，常需要做簡單的自我介紹，相信大家都有過這樣的經驗。

當你被問到這類問題時，正是讓他人認識自己的絕佳機會。可是，如果沒有事先做好準備，就會語無倫次：「呃，我個人是從事這方面的工作，然後……」根本無法簡潔明瞭地展現個人魅力。

因此，最好從日常生活開始練習如何「用三行短文」做自我介紹。更具體來說，即「**練習用三段短文來說明自己是個什麼樣的人**」。

為什麼是三行呢？因為三行短文是最簡潔有力、具體表現、且能容易讓對方印象深刻的最小文章架構。

舉例來說，如下面的範例所示：

①我目前從事以年輕女性為訴求的新上市咖啡宣傳企劃小組的組長。

②過去我曾擔任廣告代理A公司的業務，在B公司主要擔任的是市場營銷方面事務。在上述經歷中所鍛鍊出來的強項，就是以女性為訴求的商品調查。

③我的興趣是藝術欣賞，有朝一日希望能到歐洲的美術館參觀。

下面為我個人的自我介紹：

①我從興銀轉職到NTT DOCOMO，以「手機電子錢包」企劃案廣為人知。

②現正經營一家戰略顧問、M&A戰略、創投企業支援投資顧問公司。

③同時也在哈佛商學院以及沖繩大學大學院教書，希望能夠提攜更多年輕人。

這短短三行的文章內容，其架構為「①現在的自己」、「②過去的自己」、「③欲向對方展現的自己」。

①與②旨在說明自己是個什麼樣的人物，以及過去的經歷。連結①與②兩點，使代表過去與現在的點與點構成線與面，就能使個人檔案具體化。也可以

跟我一樣，視表達內容而定，將文章順序改成「①過去的自己」、「②現在的自己」也無妨。

③是欲向對方展現的自己，因此除了介紹個人檔案之外，同時也可以**告知對方自己將來想走的方向**。特別是③的內容，或許會成為建立人脈與招喚機會的一大契機。

事實上，我之所以能在沖繩大學大學院擔任教職，也是因為在做自我介紹時，總會加上「我很喜歡沖繩」、「希望能夠教導年輕人」的訊息，因而產生這個契機。請參閱第3章所介紹過的履歷表與心智圖（Mind Map®），試著用三行文章做自我介紹。

將自我介紹濃縮為三大要點讓個人形象更具體

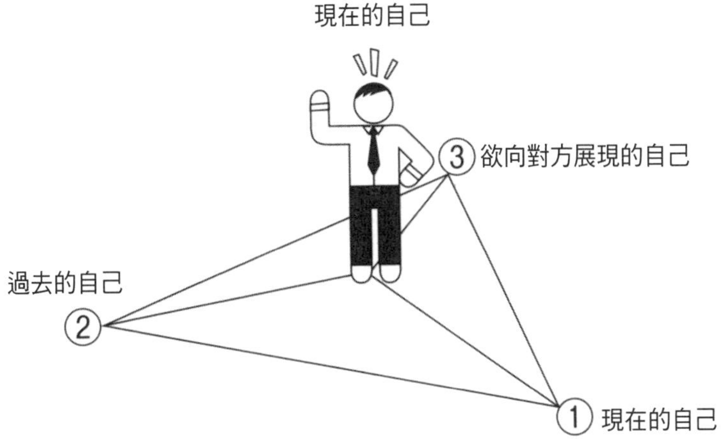

藉由最後成果及具體數字使資訊立體化

表達真實自我的重點，在於向他人展示「最後成果」。

舉例來說，向人介紹現在從事的工作內容。

「我在A機械製造公司擔任工程師。」

「我在B飲料製造公司負責企劃。」

「我在C玩具製造公司擔任業務。」

這種講法無法讓人留下深刻印象。

「我任職於N公司旗下的A通訊機器製造公司，普及率NO.1的路由器『〇〇』是我經手設計的產品。」

「我任職於B飲料製造公司，目前正從事名為『□□』商品的POP、海報等促銷道具的企劃製作。」

「我擔任C玩具製造公司的業務已經十年了，主要以東京都內全區的書店為主推銷兒童專用積木『△△』及繪本等產品。」

像這樣，**只要向他人展示最後成果的話，就能立刻掌握這個人的工作態度與工作內容。**

如果有具體數字的話，也可以善加利用。尤其是過去的實際績效，例如「在公司內連續五年達成銷售冠軍」、「年銷售量基本目標為十台的建築機器，在去年達到銷售量五十二台」等，可以更簡潔清楚地傳達給對方。

如果能配合對方，善加運用簡單易懂的舉例說明，效果會更好。舉例來說，假設前面提到在A通訊機器製造公司負責設計路由器的人，想對資訊科技產業不熟的人進行說明時，可以這樣說，「我任職於A通訊機器製造公司，五年來都是擔任一種上網時必備機器的設計工作，該機器位居業界NO.1。」像這樣，只要詳細解釋，就能讓對方更容易理解。

持續成長的企業與人均可用三行短文做自我介紹

「用三行短文做自我介紹」還具有另一項意義。也就是衡量自己是否為具獨創性的（擁有獨特性）人才。

這個想法，原是從企業成長的判斷基準所誕生的。由於過去任職於興銀以及DOCOMO期間，我曾經手專案融資及創投等業務，有機會接觸不少各種企業。

在這過程之中，我深刻體認到，「無法用三行短文來表現獨特性的公司，必定難以持續發展」。

①經手網路相關之解決方案事業的公司
②主要經手各種業種企業的WEB製作
③抱持時常站在客戶立場的工作態度

乍看之下，似可從上述說明得知這是家什麼樣的公司，但訴求不明確。結果，這家公司由於缺少鮮明的個性，因此很難受到客戶委託。

即使在該公司認真工作，也能顧慮客戶的心情提供適當的服務，但仍然很容易遭到埋沒，真的相當可惜。

同樣地，這項法則也能夠套用在個人身上。原因在於「無法用三行短文來表達獨特性的人＝難以交付工作」。

如果能從平常就開始思考「如何用三行短文來展現自己的獨特性？」就能改變經營自己的方式與最後的成果。

設定利基領域讓你更加獨一無二

就「輸出默默努力學習的成果」的意義而言，我非常推薦各位設立部落格與電子報，**向大眾發表平時努力的成果**。

舉例來說，若正在進行資深產業調查的話，可以將目前關於資深產業的論題與分析結果向大眾發表。如果正在學習阿拉伯語的話，也可以考慮開設提供語言學校相關資訊與學習方法的部落格。倘若在研讀商法的話，也可以以淺顯易懂的文字在部落格上解釋商法條文。

如果該部落格與電子報聚集許多讀者的話，就能夠向公司外部的人發信。像是使用電子郵件與同一範疇的部落客相互交流、或是一同參加網聚，或許就會出現在朝九晚五的生活中所沒有的新的邂逅。

此外，向周遭朋友告知「我現在正在開設這樣的部落格」，也是展現「我很擅長這方面的領域」、「我對這個領域的知識相當熟悉」等的絕佳機會。

藉此為契機，說不定會得到新的機會：「你要不要嘗試挑戰這方面的工作」？

不知不覺間，你的人脈網路應該就會不斷擴大，同時也能獲得各種即時資訊才是。我們可以透過以往未曾接觸的價值觀，引發良性刺激。

而設立部落格與發行電子報，也能夠提昇展現成果的品質。想要寫出淺顯易懂的文章，除了文章力以外，本身同時也必須充分消化主題內容。**藉由部落格與電子報，日積月累地訓練自己的文章力，就能不斷提昇品質。**

等到時間一久，自己的部落格能夠變成像鮒谷周史的《平成・進化論。》、土井英司的《ビジネス・ブック・マラソン》（商業書籍馬拉松）、藤井孝一的《ビジネス選書》（商業選書）等一樣的超人氣電子報與部落格，就有機會接受媒體採訪，甚至接獲撰寫書籍等新領域的工作。這樣的結果是不是很令人期待呢？

回歸正題，問題在於究竟該如何才能提高人氣？這個問題可以參考「差異性戰略」（獨特性）以及「藍海戰略」。

重點在於，**盡量選擇利基型主題當作部落格與電子報的主題**。與個人標語一樣「以乘法歸納主題」，如果能擬定沒有對手的主題是最理想的了。

舉例來說，即便設立書評方面的部落格或電子報，如果只是單純發表種類繁雜的書籍心得，很難引起讀者的注目。如果能改以「專門介紹最新出版商業書籍的電子報」→「以工程師的角度介紹最新出版商業書籍」為主題的話，就能讓電子報的內容極具利基，這樣才能引起讀者的興趣。

現實中，確實有人成功實踐這項方法。丸山純孝自二〇〇四年起發行名為《エンジニアがビジネス書を斬る！》（工程師斬遍商業書籍！）的電子報。至今已擁有三萬名讀者，以此為契機，出版了《いつも目標達成している人の読書術》（總是達成目標者的讀書方法，明日香出版社）。

此外，丸山曾任東芝公司的工程師，目前他也充分運用參與自身著作宣傳活動的經驗，成立代為從事書籍宣傳活動的公司。因此發行電子報，可說是拓展前所未有可能性的最佳典範。

除了自己的擅長領域之外，喜歡的電影、美食、運動等興趣範疇，也可成為部落格的話題。

即使在這種情況下，重點還是「以乘法歸納主題」。例如想要成立一個以「拉麵」為主題的部落格，但是與拉麵有關的部落格就有成千上百個。像這樣，只要以乘法來歸納主題，例如：「咖哩」×「拉麵」＝「專門介紹咖哩拉麵的部落格」，就能凸顯其獨創性，與眾不同。

透過部落格與電子報發布訊息，即便沒有接獲新工作，至少也能作為與初次見面者談話的話題，進而擴大自己的可能性。在不知不覺當中，說不定你就可以身兼二職，兼具上班族與專家的身分，甚至在另一個領域活用至今所建立的人脈。

設立部落格與電子報不用花錢，不需花費太多時間即可開設。**可說是只要你「想嘗試挑戰新事物」時就能著手開始的絕佳機會。**

今後的上班族必備的「三種基礎能力」

「他雖然技術高超，卻老是焦躁不安，動不動就發火，很難跟他溝通。」

「那個人雖然知識豐富，也有出色的成績，可是說話的口氣讓人感到一肚子氣，根本不想找他商量。」

「在工作上他的確很幹練，卻鮮少跟他人討論，總是單獨行動。」

在你工作的職場上，是否也有這種知識、能力與技術三方都出色，可是評價卻不大高的「惹人厭傢伙」呢？

儘管擁有豐富的知識、卓越的技術與能力，但光靠這些是無法獲得周遭人的信賴。舉例來說，比起「業績為公司內第三名，卻經常與他人起爭執」的A，「業績雖然名列公司內第六名，卻能與周遭人維持良好互動」的B反倒獲得極高的評價。諸如此類的例子不在少數。

為了贏得周遭人的信賴，知識、技術與能力固然重要，然而光是這樣還不夠。**提昇溝通能力、忍耐力等人格特質也相當重要**。特別是對於目標為「成為得到他人幫助的人才」的「結盟版『自我成長』戰略」而言，可以說是不可或缺的要素。

儘管如此，我卻深刻地體認到，只注重提昇知識、技術與能力，換句話說即心無旁騖、全力提昇「學習力」的人愈來愈多。「提昇技術」這句話容易讓人聯想到學習，然而提昇技術最重要的因素不單只有學習而已。

我在一開始就舉出幾個「惹人厭的傢伙」的例子，或許有人看完後會覺得「你說的該不會是我吧？」如同前面幾章所提到，我們特別是在獨立創業時，這輩子的人脈才會派上用場。為了避免將來後悔，趁早脫離「惹人厭傢伙」的行列才是明智的選擇。

那麼，我們應該怎麼做才好呢？我認為，每個人應該鍛鍊上班族必備的「三種基礎能力」。所謂三種基礎能力，即「結盟力」、「自我控制力」以及「想行力」（思考行動力）。平時應多思考自己缺乏哪種能力，並多多加以留意與強化。

①結盟力

是指有關與他人溝通的能力。除了與他人維持良好關係之外，同時也能獲得個性乖僻的人對我們在工作上的協助，也才能引導口才不佳的人對自己提出良好的意見，因此結盟力可說是對工作有正面影響的溝通能力。

我們在工作時並不是與機器為伍，而是與許多各自擁有獨特性的人一起工作。因此擁有結盟力，就能讓工作進行更順利。同時，這也是與人結盟時不可或缺的一種能力。更具體來說，下列七種能力是構成結盟力的要素。

◇「說話力」……說話時能夠充分表達自我的主張。
◇「傾聽力」……引導對方說出心裡話，並真摯地聆聽。
◇「交涉力」……能夠抓住人心，不會將事情鬧大，使雙方達到雙贏局面。
◇「協調力」……不會搶著出頭，而是以「夥伴」的身分協助對方。
◇「援助力」……不吝惜提供對方所需的資訊與勞力。
◇「指導力」……善加運用說話方式與「誇獎、斥責」，以提昇各種類型下屬的能力。
◇「商談力」……透過商談支持對方，提供有建設性的建議。

②自我控制力

這是自己必備的能力。亦即客觀評估自身狀況，無論在任何狀況下皆能保持平常心的能力。一個「動不動就發怒」、「很快就放棄」、「喜歡譁眾取寵」的人，儘管他擁有再豐富的技術、能力與知識，也沒有人會將重要工作交付給他。

因此，「唯有自我控制者才能夠好好掌控工作」。雖然在前面提到過，溝通力也是必備的能力之一，然而現在已經邁入結盟時代，必須借助周遭人的協助才能完成一件事情，因此自我控制力也是逐漸受到重視的能力之一。具體而言，可細分為下列六種能力。

◇「忍耐力」……跑業務或發表企劃等時，即使遭遇一、兩次的失敗也不會輕易放棄。能夠繼續努力的能力。

◇「自制力」……壓抑自己的情緒與欲望，能夠誠實地執行工作，與周遭人協調合作。

◇「慎重力」……能夠冷靜分析，不會獨自一人橫衝直撞，並在行動時充分評估風險。

◇「企圖力」……擁有「絕對要成功」的堅定信念。

◇「情緒轉換力」……能夠適當地發洩壓力，避免囤積壓力。

◇「自我表現力」……能夠清楚表達自己的點子與意見。

③想行力（思考行動力）

所謂「想行力」，即「想像力」加「執行力」兩者合一的能力。我認為，想要成就一番大事業，這種能力是不可或缺的。

每個人都擁有「想行力」，但實際上是否能夠充分發揮這種能力則因人而異。尤其是「想像力」，乍看之下似乎涉及到的是有沒有才能，不過就我個人深切的體會，除了擁有傑出才能的人才以外，其實並沒有多大的差別。

舉凡世界上的所有創意，幾乎找不到完全創新的點子，絕大部分都是將既有的創意拿出來舊藥換新湯，或是將早就用過的幾種創意加以拼湊組合。換句話說，即便想不出嶄新的創意，只要多下點功夫，任何人都能夠提出創意。

我個人倒是認為，「執行力」是個別差異最大的一種能力。具備「執行力」與缺乏執行力的人之間的不同之處，在於想法上有些微差異。這種些微的差異，卻能大幅改變事情的結果。具備執行力的人，總是抱持「**總而言之先出動再說。光靠一己之力或許無法實現，只要與周遭人同心協力，一定會有成果出現**」的想法行動。

另一方面，缺乏執行力的人總是抱著「必須靠自己想辦法，不過卻想不出任何有效的辦法，所以還是放棄吧」的想法。雖然這不過是想法上的些微差異，實際上卻是造成執行力出現極大差異的重要原因。「**一點想像力加上多一點執行力**」，這句話必須牢記在心。

「社會力」是所有能力的基礎

在鍛鍊三種基礎能力的同時，有一種在實踐「自我成長」戰略時所不可或缺、必須時常提高的能力。此即「社會力」（社會力）。

在各大媒體經常可看到「社會力」這一詞，或許有不少人都略有耳聞。單靠三言兩語很難說明何謂「社會力」，我個人的解讀則是：「相處時讓人覺得**毫無壓力，能夠吸引他人、人見人愛的能力**」。

「社會力」的基本原則是，「總是先設身處地站在對方立場思考事情」。具體來說，例如：能夠坦率地接納他人的建言；能夠立刻承認自己的失誤，並向對方道歉；相處時，能夠讓人情緒高漲，充滿幹勁；不說謊，也不嫉妒；切實遵守日常生活的規矩，像是跟人打招呼、大聲回話等。

社會力正是由上述要素所構成的。一提到社會力，多少會讓人覺得這是種巨大的能力。但事實上，擁有社會力者的感情起源，不過是源自「我想和大家一起工作」、「看到有困難者就想幫助他」等非常單純的感情。

社會力可說是三種基礎能力及學習力等各種能力的基礎。反過來說，如果是輕視社會力，即使再怎麼提昇三種基礎能力與學習力，其努力建立的成果也會功虧一簣。事實上，我見過不少輕視社會力的人，雖然獲得短期的成功，但長期下來仍然會邁向失敗。

舉例來說，一個擁有傑出才能，卻無法向人道聲「早安！」的人，很容易給人「這個人真奇怪」、「怎麼那麼冷淡」、「一點也不想跟他共事」等負面印象。

當然，我自己也不是個擁有極高社會力的人。因此，我列出下面九項行為規範，請各位牢記並遵守。這並不是武道的規範，不過只要從成績行為開始做起，就能逐漸培養社會力的內涵。

◇不說謊
◇有勇氣
◇守時
◇讚美他人

◇不嫉妒
◇心懷感恩
◇處事直率
◇不忘謙虛
◇不知為不知

在前面幾章已經提到過，看似繞遠路，但只要擬定戰略，一步一步地步向人生旅程，就會發現這條路其實是條寬廣的捷徑。

然而遺憾的是，世上恐怕沒有提高社會力的捷徑。**唯有日積月累地遵守規範，才能構成社會力。**在前面所列舉的九項規範當中，即使只有一項也無妨，總之現在就付諸行動吧。

「社會力」是所有能力的基礎

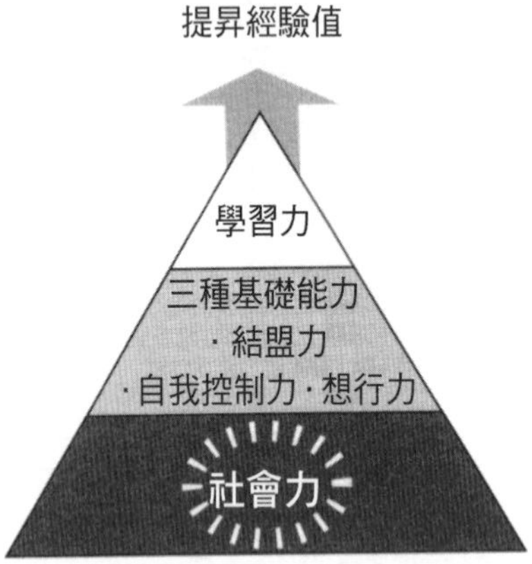

「社會力」是所有能力的基礎，基礎奠定後才能累積各種能力

只要具備社會力與三種基礎能力，不論在世界上的任何一家公司、任何一種工作，都能夠通行無阻，可說是相當重要且有用的技巧。

為了提高這些能力，除了從日常生活中的意識、行動、效法他人之外，當然也可以從書本中吸收不少知識。

現在就改變自己「從半徑3m內開始的八項行動」

前面已經提過，活用所學知識的最好辦法就是「付諸實行」，那麼我們該如何付諸實行才好呢？

關於這一點，我認為與其一開始就以成就一番大事為目標，不如「**先從贏得半徑3m內人的信賴開始做起**」。

舉例來說突然要在外部人士面前自我推銷之前，先站在自己的座位上，望著坐在離自己半徑3m內的上司與同事們。如果能贏得半徑3m內人們的信賴，也就代表能夠開創自己未來的可能性。

具體來說，不要一開始就想做出一番出色的成績，要先從「將文件複印清楚」、「計算不要出錯」、「在報紙上發現對他人有幫助的資訊時立即告知」等小小的成績開始做起。**這些小小的成績不斷累積下來，最後就會大幅提高你的評價。**

這麼一來，你的評價就會從半徑3m內外傳到隔壁部門，甚至再傳到其隔壁的部門，並獲得新工作的機會。如果能充分運用這次機會，就能抓住更大的機會。

我之所以能夠策劃並成功推廣「手機電子錢包」，同時實現「支援年輕人」的夢想，無疑地就是以興銀時代的「半徑3m」當作我的原點。

我唸了不少不良債權的相關法律，只要看到身旁的人在法律方面遇到困難，就會伸出援手；像遇到棘手的交涉問題，就會主動挺身而出。隨著時間慢慢地累積實績，我贏得周遭人的信賴，因而接獲隔壁部門所委任的工作，甚至被指派負責大型企劃案。

因此，我在興銀時代累積了豐富的金融經驗與實績，之後便轉換到DOCOMO，正因為我擁有「資訊科技」與「金融」這兩種得力武器，因此才能夠誕生出「手機電子錢包企劃案」。

接下來，我要介紹從半徑3m內開始的八項行動。

①擬定磨練擅長領域戰略，然後付諸實行

首先，請參閱本書所介紹的方法，擬定磨練擅長領域的戰略。回顧自己過去的經歷，撰寫履歷表，以掌握自己的強項。如果還是找不到自己的強項，可以去詢問家人或朋友自己有哪些強項，就能瞭解被自己所忽略的地方。同時，一面思考如何磨練擅長領域，擬定戰略之後，至少得持續執行半年以上。

②瞭解自己現在的價格性能比

想知道自己現在的成果，提高動機，可以試著製作個人的「（P／L）損益表」。或許有人會覺得「P／L」很難懂，其實簡單來說就是製作自己工作的收支結算表。

據說，一個上班族一年內所使用的經費（薪水及其他各項經費）、企業所負擔的間接成本（如間接部門的職員人事費及公費等）、社會保險費等的總額，相當於年薪的三倍。請以此為基準來計算個人支出。下面為簡單的計算公式。

「個人支出（個人年薪×3）」＜「一年內個人為公司貢獻的金額」

「一年內個人為公司貢獻的金額」遠高出「個人支出」許多，這是最理想的情況。換言之，如果職員無法為公司賺取三倍年薪金額的話，公司就無法回收成本。

若為業務員的話，其實算出「一年內個人為公司貢獻的金額」並不難；然而如果擔任總務、經理等難以用肉眼看出貢獻金額的工作的話，可能很難算出具體的金額，因此金額只不過是用來評估價格性能比的粗略印象。

倘若你對公司的貢獻金額低於三倍年薪的話，或許你對於現在的公司與工作感到不滿，但首先還是以達成貢獻金額底線為目標吧！

③改變外表

「那個人看起來工作相當能幹」、「這個人看起來一點也不精明幹練」。

大部分人對於在工作場合上所遇到的人，尤其是未曾深入交往者，往後仍然會**以初次見面時的印象來評斷一個人**。這是因為唯一的資訊只有初次見面時的印象，這也是莫可奈何的事。

不僅如此，即使在工作上的交情逐漸加深，仍會不自覺地受到初次見面時的評價所影響。像這樣，在不知不覺間，你的評價深受外觀影響的程度遠遠超乎你的想像。

正因如此，才必須「反其道而行」，「藉由改變外表來提高評價」。話雖如此，並不是打扮愈時髦評價愈高，而是一身整齊清潔的服裝與髮型，加上柔和的笑容。光是這樣，就能給予他人極佳的印象。

不可思議的是，只要改變外表，連內涵也能夠煥然一新。如同我最喜歡的一句話所說：「並不是因為感到幸福才充滿笑容，而是笑容帶來幸福」。因此從明天起，出門上班前先檢查自己的笑容與服裝吧。想要改變內涵，先從改變外表開始。

④對於眼前的工作全力以赴

這句話看似言簡意賅，卻是大幅提昇工作成果的王道，同時也是最短捷徑。除了磨練自己的擅長領域之外，同時對於眼前的工作也要全力以赴。為了讓今天的工作成果比昨天更出色，就從身邊的小細節開始做起，請持續改變自己。

舉例來說，即使從「減少漏打字」的小地方開始做起，也能給人細心的印象。日積月累下來，總有一天你的評價也會飛躍性地提高。

另外，如果客戶有任何問題，應該不吝提供自己的知識、秘訣與時間，全力提供支援。這種作法看似平凡踏實，卻是最能將你的評價與名聲傳到公司外部的最佳表現方式。

⑤從小動作開始改變

從明天早上開始，試著提前十分鐘抵達公司。例如：利用每天早上的時間打掃及整理自己的桌面、精神飽滿地向同事及上司道早安、回答他人的話時聲音要宏亮，以及立即回應他人等。

這些雖然只是生活中的小動作，不過**只要從這些小動作開始改變，就能讓周遭人對你的評價有一百八十度的大改變**。同時你也會發現，自己在工作時能夠保持愉快心情。

⑥傾聽在半徑3m內的談話聲

在自己的座位旁，總會聽到四周不時傳來各種談話。例如同事有事找上司商量、幾個同事正在討論業界的傳聞等。

令人意外的是，有不少人對於這些談話聲充耳不聞。或許你會認為「必須先完成自己的工作」全力以赴地完成自己分內的工作，但偶爾也該暫停手上的工作，傾聽他人的談話。原因在於，這些談話當中**隱藏不少改變自己的機會**。

我自己自興銀時代起，就經常參與自己座位半徑3m內的談話。如果自己手上掌握一些有用的資訊，就會告訴大家「我有讀過這篇報導」。

此外，如果有人在尋找擔任某件工作的負責人，問道：「有人可以推薦勝任這件工作的適當人選嗎？」我就會立刻舉手回答：「交給我來負責吧。」現在回想起來，就是因為不斷重複這些動作，我才能獲得他人的信任。

當自己主動「give」時，周遭的人就會伸出援手。如果遇到不懂的問題，只要在自己半徑3m的範圍內大聲詢問：「這個問題有誰知道？」不但可獲得比自己所調查到的還要詳細的資訊，甚至還能得知不少以前未曾注意到的資訊。從明天起一到公司後，立刻在自己的座位周遭加裝天線吧！

⑦多接近一流的人事物

「我將來想成為像〇〇老闆一樣的經營者。」

「成為像△△先生般的社會創業者是我的夢想。」

「我將來想住在像這樣的房子。」

在紙上列出將來想做的事，並**實際與自己欣賞崇拜的人物見面，或是探訪自己嚮往的事物**。這一點，與第４章最後所提到的「培養感性」的道理是一樣的。與一流人物單獨會面確實比較困難，但只要參加演講會，就能與自己憧憬的人物呼吸到相同的空氣。透過閱讀相關書籍及實際參加演講會來學習，就能提高企圖心。

此外，即便不是自己憧憬的人物，也請多加接觸社會上所謂的一流經營者與商業人士。**藉由接觸那些與自己活在不同世界、舞台的人物，能讓自己在過去根深柢固的固有觀念大受動搖，進而拓展新視野**。

就連我自己，在DOCOMO時代亦曾經手創投資本業務，與各種創投企業經營者接觸後，大大地改變我的價值觀。

創投企業的經營者，尤其是那些公司負責人，根本是拚了命地工作。不管學習哪些新知識，總會意識到其成果，而突然改變態度認真學習。雖然同樣都是社長，卻與一般朝九晚五的社長完全是兩個世界的生物，在工作、生活哲學、以及實際工作態度也截然不同。

我個人在工作忙碌之餘也不忘學習，然而一看到那些創投企業經營者的學習態度後，曾多次感嘆自己仍然太天真。因此我希望各位，特別是一般上班族，最好能效法這些經營者們的生活方式與獨力開創康莊大道的能力。

另外，大部分一流人士身上總會散發強而有力的光芒（或許帶有些許宗教意味），只要靠近他們身旁，說不定就能獲得力量。

⑧對人心懷感謝與敬意

即使再怎麼排斥對方，也應該將私人因素與工作加以區隔，與周遭人建立同盟關係。不過這種現實的想法，還是會被對方看穿。

「對他人心懷感謝與敬意」，是建立良好關係最重要的關鍵。另外，當發現對方的出色之處時，必須由衷地感到敬佩，並真誠地請教對方。若能常保這種態度，大部分的人都會助你一臂之力。

剛開始時，即使「先從表面做起」也無妨。從日常生活中常將充滿感謝與敬意的話語掛在嘴邊，你就會明顯地感受到周遭人的反應大有不同。神奇的是，漸漸地你將大感驚訝，發現自己不單只是在用字遣詞上，而是能發自內心地敬佩他人。

本書內容雖以介紹戰略及技巧為主，但或許有人會覺得我怎麼都講些多愁善感的話。然而各種技巧與戰略固然重要，**決定成功結盟的最終關鍵，還是取決於是否心懷感謝與敬意**。一旦事過境遷，很容易就會忘記心懷感謝與敬意，這點必須銘記在心。

只要確實實踐這八項行動，首先會改變周遭人對你的觀感。其次，在實踐的過程中，連內在的內涵也會跟著改變。剛開始時，一次就實踐八項行動或許有些難度，因此，不妨一項一項慢慢實踐。總之，今晚請提早就寢，從明天起比平時提早十分鐘到公司開始實踐吧！

本書為攀登名為「生涯」這座山的導覽書。藉由閱讀本書學會「入門．起步方法」後，接下來就只能靠自己的雙腳繼續走下去了。

在攀登「生涯」這座山的過程中，你不但可以一面過著每天愉快充實的人生，一面朝著最終目的地向前邁進。而令人驚訝的是甚至還能擴大自己的可能性。

「我能有今日的成就，最重要的契機，就是從比平常提早十分鐘到公司的那一天開始的。」

總有一天，等你成長茁壯到連現在也無法想像的程度時，就會回想到踏出致勝第一步的那一天，而這一天其實離你並不遙遠。

人生只有一次。讓我們毫無遺憾，帶著期待的心情邁向人生大道吧！

結語

◆谷底深淵處隱藏人生轉機！

本書的執筆動機眾多，但最主要的是有兩大強烈動機。

首先，第一點動機就是「我希望能支援那些陷入谷底的人」。

此時正逢百年一次的不景氣，各位當中可能有人因約聘契約遭中途解約，或因公司破產等，陷入失業的危機。如今日本的經濟看不到光明的未來，就算有人對自己將來感到絕望也不足為奇。

然而，「現在的處境」正是本書所說的攸關未來的一條「遠路」；你的一念之間，可能讓危機變成**重新評估自身、展翅飛翔的大好機會**。因此不論遭遇多艱辛的狀況，我都希望各位能牢記這句話。

只要看過我周遭朋友的人，有不少人會這麼認為：「原以為那是人生跌到谷底的一瞬間，但其實卻是人生的一大轉機。」

電子報發行數量堪稱日本第一的鮒谷周史先生，就是最好的例子。

以前，鮒谷先生曾任職於美國的大型通訊公司世通公司（WorldCom）日本法人，沒想到公司竟突然宣告破產，頓時成了失業者。

不過，鮒谷先生就是在這段空窗期發行名為《平成・進化論》的電子報，因而開始執筆撰寫商業專欄。

這部電子報受到廣大讀者的好評，現已成為擁有超過三十萬讀者的日本第一超人氣電子報。鮒谷先生目前經營多家公司，同時也是資訊科技、人力、環境、飲食、旅館、海外事業等二十間以上前途備受看好的創投企業資金提供者，為相當活躍的投資家。

化谷底深淵為轉機的最主要關鍵，在於視非常時期為轉機，不斷積極向前的態度。

舉例來說，生病了就告訴自己：「一定要讓身體充分休息。」工作沒了就換個角度想：「一定會再找到更合適的工作。」**在這個世界上，沒有真正徒勞無功的事。**

去年剛上市的「Techfirm」株式會社社長筒井雄一朗先生，曾擔任網路創投企業Hyper Net的CTO（首席技術長），有過公司破產的經驗。而該破產公司的社長，是以《社長失格》（社長失格，日經BP社）一書一舉成名的板倉雄一郎先生，副社長則是曾在DOCOMO負責i-mode的夏野剛先生。

在即將宣告破產之時，公司的高層人員接二連三地離開，筒井先生卻一直待在公司直到最後一刻，因此曾有過遭到債權人攻擊、從地板上一台一台地將伺服器拆除的慘痛經驗。

然而，正是基於「相反地，必須思考如何靠少數幾台伺服器來提供服務」的念頭，才讓筒井先生能夠永不放棄，努力到最後關頭。

而當時所培養出的「無論遇到任何狀況，也絕不能意志消沉，要繼續努力，絕不認輸」的自信，成為筒井先生東山再起的原動力，最後終於成為上市企業的經營者。

幸運總會跟在**永不放棄者的身邊**。即使身處逆境，仍然不忘保持正面思考，等到下一個時機成熟時，一定就能看見光明。

◆對你而言何謂真正的幸福？

另一個強烈的動機，就是「目標設定為儘快成為『成功者』的『最短距離』型生涯戰略，並不一定會讓人幸福」。

即使有人根據「最短距離」型生涯戰略達成目標，也不一定就代表抓住幸福。

放眼望去，我周遭的人們當中確實有不少經營者在短期內達成目標，但卻時常捫心自問：「這就是真正的幸福嗎？」

我現在才四十多歲，還沒有嘗遍人生中的酸甜苦辣。可是，有太多事例證實「最短距離」型生涯規劃並不是最好的選擇。

事實上，那些年紀輕輕即家財萬貫的創投企業經營者，以及社會上所謂的「成功人士」，並非每個人都過得很幸福。

舉例來說，有句話時有耳聞：「成功之後，就不能再肆意而為了。」當初胸懷大志，建立企業；等到公司上市之後，就會受到來自股東的壓力等各種因素所擺佈，被迫過著追逐利益的生活。

「這並不是我真正想做的事。」

有此煩惱的經營者並不少。

此外，「為人際關係所困擾的經營者」也不下少數。由於公司急速成長，一旦毫不留情地強硬解僱員工，就會令不少自創業當時一起奮鬥的夥伴相當不滿，「這家公司我待不下去了」接二連三地辭職離去。整天忙於工作，導致家庭關係不佳。而在離婚之後，孩子們也相繼離去。

即使形式不同，隨著公司規模愈大，內心的孤獨卻日益加深，這類的事例也不勝枚舉。從那些知名人士的事就能得知，即使擁有一百億日圓，最後還是有人過著不幸的生活。這正是「金錢讓人瘋狂」的最佳寫照。

有某位經營者曾向我說道：

「現在，我擁有很多錢。不過，過去在那間只有四塊半塌塌米大的公寓裡，與前妻一起夢想未來，一心一意地認真打拚之時，說不定才是我最幸福的時候……」

每個人的幸福與成功定義各不相同。在現在凡事講求「錢、錢、錢」的社會，有錢真的就會帶來幸福嗎？我希望各位能夠好好思考這個問題。

當然，金錢的確很重要，然而比起金錢，與周圍的人們互相幫助，建立雙贏關係，一起成長、每天期待新的邂逅出現等等更加重要。不光是自己，同時周遭人以及家人也能過著幸福的生活。

此外，我認為「人類生存的價值，正是在於被他人所需要」。這是我的看法。

藉由實踐本書所提供的方法，若能讓一個人、甚至更多人邁向幸福的生涯規劃的話，將是筆者最大的喜悅。

最後，我再問各位一個問題。

「在這個宇宙間，誰是你最珍視的人？同時，你現在的生活真的能給這個人最大的幸福嗎？」

人生只有一次，好好地珍惜你的際遇，並實現你親自描繪、對你而言是最幸福最滿足的人生旅程吧！

平野敦士卡爾

「自我成長」戰略表

【STEP1】想像自己將來的模樣，試著描繪出未來的地圖（詳見P3）。

【STEP2】使用下列表格，製作自己的履歷表（詳見P101）。

任職期間	服務公司	所屬部門職務	工作內容與時間	業績	發生哪些失誤？

【STEP3】請在下列表格中寫出兩種以上「專長」。填寫完後，接著進一步分析，並填入正中央的欄位。填寫完之後，再做深入分析，並填入右方的欄位。

☆專長

專長	具體內容說明	更具體詳細地說明
→	→	→
		→
	→	→
		→

【STEP4】請寫出兩種以上在STEP3所發現的專長。接著，請在表格中圈選出符合的程度基準（愈接近5愈高），進行評價。

專長	喜歡 並不討厭	是否屬於成長領域	是否接近將來的目標
	1 2 3 4 5	1 2 3 4 5	1 2 3 4 5
	1 2 3 4 5	1 2 3 4 5	1 2 3 4 5
	1 2 3 4 5	1 2 3 4 5	1 2 3 4 5

國家圖書館出版品預行編目資料

哈佛商學院講師教你永遠不敗的自我經營術/平野敦士卡爾作；黃琳雅譯. — 初版. – –臺北縣新店市： 智富, 2010.12
面； 公分.（風向；30）

ISBN 978-986-85240-9-5（平裝）

1. 成功法 2.自我實現

177.2 99016962

風向 30

哈佛商學院講師教你永遠不敗的自我經營術

作　　者／平野敦士卡爾
譯　　者／黃琳雅
主　　編／簡玉芬
責任編輯／謝翠鈺
封面設計／比比司設計工作室
版式設計／江依玶
出 版 者／智富出版有限公司
負 責 人／簡安雄
地　　址／(231)台北縣新店市民生路19號5樓
電　　話／(02)2218-3277
傳　　真／(02)2218-3239（訂書專線）、(02)2218-7539
劃撥帳號／19816716
戶　　名／世茂出版有限公司
單次郵購總金額未滿500元（含），請加50元掛號費
酷 書 網／www.coolbooks.com.tw
排　　版／江依玶
製　　版／辰皓國際出版製作有限公司
印　　刷／世和印製企業有限公司
初版一刷／2010年12月

定　　價／260元